Zeitfracht Medien GmbH
Ferdinand-Jühlke-Straße 7
99095 Erfurt, Deutschland
produktsicherheit@kolibri360.de

Edition Pajam

Covergestaltung: Sharham Karimi

Druck und Verarbeitung:
CPI Druckdienstleistungen GmbH
Ferdinand-Jühlke-Straße 7
99095 Erfurt

 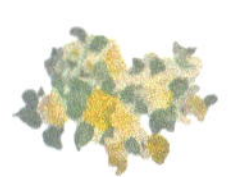

www.goethehafis-verlag.de

Printed in Germany
Erste Auflage 2022

ISBN 978-3-949715-21-1

قاضی ربیحاوی

Ghazi Rabihavi

دانیال و پدرش
(رمان)

Danial und sein Vater

Roman

قاضی ربیحاوی
دانیال و پدرش (رمان)
چاپ اول، آلمان تابستان ۲۰۲۳
انتشارات پیام (گوته- حافظ)

قاضی ربیحاوی

قاضی ربیحاوی در روز سیزده فروردین سال یکهزار و سیصد و سی پنج در شهر آبادان درجنوب ایران به دنیا آمد. تحصیلات دبستان و دبیرستان را در همان شهر گذراند. چاپ اولین کتاب خود را با مجموعه‌ی پنج داستان کوتاه بنام «حادثه در کارگاه مرکزی» که مجموعه‌ای بود در رابطه با زندگی کارگران پالایشگاه آبادان، شروع کرد، سپس به همکاری با مطبوعات بعد از انقلاب که گرایشات سوسیالیستی داشتند پرداخت و برای آن‌ها گزارشاتی از وضعیت بچه‌های کار آماده می‌کرد که بیشتر با عکس‌های منوچهر دقتی همراه بود. مجموعه داستان او با عنوان «چهار فصل ایرانی» متأثر از یورش رژیم جمهوری اسلامی(انقلاب فرهنگی) به دانشگاها بود که در همان سال‌ها نوشته شد. پس از آغاز جنگ نوشته‌های قاضی مضمونی ضد جنگ یافتند: «وقتی که دود جنگ بر آسمان دهکده دیده شد» که به عنوان نخستین کتاب ضد جنگ در ادبیات ایران ثبت شده، داستان «توی دشت بین راه» و «خاطرات یک سرباز» که به خاطر انتشار آن به مدت نه ماه به زندان اوین افتاد. بعد از زندان مدتی به فیلمنامه نویسی روی آورد. فیلمنامه‌های «گلهای داودی» و «سایه‌غم» از آن جمله‌اند. او همچنین داستان‌های کوتاه خود را دراین زمان در مجله‌ی «آدینه» و «دنیای سخن» منتشر می‌کرد. بعدها به طور کلی هیچ رمانی از قاضی در وزارت ارشاد اجازه چاپ دریافت نکرد. در این میان تنها رمان «گیسو» به

مدت کوتاهی اجازه چاپ داشت که بعداً چاپ آن هم ممنوع شد. قاضی در همکاری مشترک با کاوه گلستان، ساختن یک مجموعه از فیلمهای کوتاه را درکارنامه خود دارد. او عضو کانون نویسندگان ایران و از اعضای گروه جلسه‌های پنجشنبه‌ها بود. قاضی در پی ممنوع‌القلم شدن و همچنین جوِ خفقان و ترور حاکم بر ایران، ناگزیر شد در سال ۱۳۷۵ ایران را به قصد کشور انگلیس ترک کند. او در لندن به نمایشنامه نویسی روی آورد. نخستین نمایشنامه او به نام«نگاه کن اروپا» که در مورد زندانی شدن فرج سرکوهی است. با همکاری و بازی هارولد پینتر، نویسنده و کارگردان بنام انگلیسی و برنده جایزه نوبل به روی صحنه رفت. تازه‌ترین رمانِ او "پسران عشق" به فارسی و فرانسه و آلمانی منتشر شده‌اند. رمان "لبخند مریم" نیز اخیراً به زبان فرانسه منتشر شده. او درانگلستان چند فیلمنامه کوتاه برای فیلمسازان ایرانی نوشته. همچنین به تازگی یک مجموعه به نام آتش بس شامل سه فیلم کوتاه ساخته است.

او درحال‌حاضر در لندن زندگی می کند.

آزادکردن او از عذابِ زندگی تنها دلیلِ من برای کُشتن او است.

قربانی من نوزادی که وسط تختخوابِ من لای پارچه‌های سفید دراز کشیده رو به سقف و با چشمان دُرشتش زُل زده به لامپ لختِ روشن آویزان. برجستگی دست‌هایش که زیر ملافه روی سینه او لمیده‌اند و برجستگیِ جناقِ سینه‌اش پیدا است. من با پیرهنی خیس از عرق بالای سرش ایستاده می‌خواهم قبل از کُشتنِ او یکبار برای اولین و آخرین مرتبه چهره‌اش را ببوسم. خم می‌شوم پنجه‌های دستم را دو طرف او می‌گذارم و صورتم را جلو می‌برم تا لب‌هایم پیشانی شفاف نرمش را لمس کنند. او به من نگاه می‌کند. جلوتر می‌روم او تکانی به خود می‌دهد و دست‌هایش تُند و فرز از لای آنهمه سفیدی بیرون کشیده می‌شوند با یک دشنه در آنها که هُل داده می‌شود بسوی من و نوک تیز دشنه فرو می‌رود توی پیشانی ، بر نقطه میان دو ابرویم. فریاد می‌کشم و در سرم پیانویی که در حال نواختن بود از پنجره به کوچه پرتاب می‌شود. می‌نالم. از درد یا از وحشت: بیدارم کن بیدارم کن. اما پاسخی نیست و من هنوز داد می‌کشم: لیلی! بیدارم کن. دستی به کمکم نمی‌آید. خودم را می‌کشم بطرف لبه تخت و سرم را از آن بالا می‌اندازم پایین چون یادگرفته‌ام که‌این راه سریع ترین راهِ بیدار کردن خود هنگام فرار از کابوس هاست.

در آشپزخانه قهوه‌ای درست می‌کنم و می‌نوشم. دنبال راهی برای روشن کردن سیگار پیچیده‌ام می‌گردم. نیمه شب آن را پیچیدم اما بعد که متوجه شدم فندکم خراب است آن را انداختم روی میز. حالا باز هوس کشیدن آن به جانم افتاده اما فعلاً امیدی به روشن کردن آن نیست. باید عجله کنم و بعد از یک شستشوی سریع خودم را جمع و جور کرده هرچه زودتر راهی بیمارستان بشوم. پنجره حمام را باز می‌کنم که بخار جمع شده بزند بیرون و هوای حمام عوض شود. نگاهم به کوچه می‌افتد. هوا هنوز کاملاً روشن نشده. رهگذری در حال گذر از زیر پنجره است. می‌شناسمش. پدر دانیال است. پدر و پسری که همیشه با هم دیده‌ام. گویا مادری در کار نیست. پدر دانیال در یک دست یک کلاه آهنی ایمنی دارد که آن را مثل یک توپ گرفته زیر بغلش و توی دست دیگر یک جفت پوتین ارتشی. دانیال مثل همیشه پشت سر پدر راه می‌رود. پسر در یونیفرم سُرمه‌ای مدرسه است. می‌آید. کوله پشتی که کیف مدرسه است بر پشت اوست و هر دو تا دست‌هایش درحال حمل تنه‌ی لُخت یک دوچرخه، تنه‌ای که نه چرخی دارد و نه فرمان. زین و زنجیری هم دیده نمی‌شود. پدر از زیر پنجره گذشته اما کمی دورتر می‌ایستد. ناخوش به نظر می‌رسد. صورتش را بر میله‌های پارکینگ سرکوچه می‌چسباند. دانیال هم می‌ایستد و به پدر نگاه می‌کند. پدر انگار از لای نرده‌ها استفراغ می‌کند توی پارکینگ. بعد خیلی زود خودش را جمع و جور و دهنش را با دستمالی پاک می‌کند. نگاهی به دانیال می‌اندازد: عجله کن پسر! و باز می‌رود. دانیال هنوز ایستاده. آرام سر بلند

می‌کند و نگاهی بسوی پنجره حمـــام من می‌اندازد. نمی‌توانم تماشـای نگاه خسته‌ی او را تحمل کنم. پنجره را می‌بندم.

فندک را می‌اندازم توی سطل زباله. بطری فلزی بغلی را که قبلاً پُر از کنیاک کرده‌ام در کیف می‌گذارم. از خانه بیرون می‌روم. در را می‌کشم، می‌بندم. کلیدها را توی دو تا سوراخ قفل‌هـای در می‌چرخانم پایین و بالا بعد در را هُل می‌دهم که از بسته بودنش مطمئن شوم. راهــرو طبقه ما خلوت و ساکت است. چه آرامشی! اما ناگهــان شلوغ می‌شود. دختر بچه‌ی همسایه با مـــوی پریشان در لباس مدرسه از خانه بیرون پریده توی راهرو می‌ایستد و به اطـــراف نگاه می‌کند و با دیدن من وانمـــود می‌کند ترسیده جیغ می‌کشد مثل هر بچـــه‌ای که به تظاهر برای جلب توجـــه بزرگترها جیغ می‌کشد. دست‌هایش در هـــوا تکان می‌خورند و چیـــزی مثل یک پاره سنگ از دستش رهـــا می‌شود. رو برمـی‌گردانم که آن چیز آن شئـــی ناشناخته نیاید بخورد به سر و کله من. اصلاً به بچه‌ها اعتماد ندارم. بالاخره صدای افتادن آن چیز را می‌شنوم انگار افتاد توی بالکن ته راهـــرو. بالکنی برای استفاده‌ی همه افـراد ساکن این طبقه. جای امنی برای من وقتی نمی‌توانم توی خانه سیگار بکشم. دخترک برمـی‌گردد به خانه و در را چنان پشت سر هُل می‌دهد که ساختمـــان می‌لرزد. من دوباره هر دو تا قفل در خانه‌ام را باز مـی‌کنم بالا و پایین بعـــد می‌روم توی آشپزخـــانه که کیسه زباله را بـــردارم نکند چیزهای بدبو در آن باشد. کیسه به دست باز می‌آیم بیرون در را قفل مـــی‌کنم. سر زن

همسایه را می‌بینم که از لای در خانه اش بیرون خزیده: های.
کاش حرف حادثه‌ی مستانه‌ی چند شب پیشِ مرا پیش نکشد. خودم را سرگرم ور رفتن با قفل نشان می‌دهم اما نمی‌توانم ساکت باشم: های. امروز بی‌بی خوشحال ست.

می‌گوید: اما باید عجله کند. عجله کند.

: باشد.

می‌پرسد: حالت بهترست؟

می‌گویم: بخاطر آن شب معذرت می‌خواهم که خوردم به درِ بالکن صدا کرد.

: طوری نیست. خودت خوبی؟

: همان باعث شد که تصمیم بگیرم دیگر ننوشم.

: بد نیست برای چند روز به خودت استراحت بدهی.

: همین تصمیم را گرفتم. دیگر نمی‌نوشم. حتی برای مدت طولانی‌تر. ببخشید بابت آن صدا.

: نگران نباش. مراقب خودت باش.

و سرش به داخل خانه کشیده می‌شود انگار کسی از پشت سر او را کشیده تو. بعد کشمکش مادر و دختر بر سر بستن و نبستن در. دو تا جیغ بلند با دو تا نُت که به هم ربطی ندارند و در ترکیب با هم صدای گوشخراش به داخل تونلی که راهرو ساختمان ما است می‌ریزند. من هنوز پشت در بیرون خانه‌ام ایستاده‌ام و بار دیگر فکر می‌کنم به داخل و به وقتی که خانه را ترک کردم. نمی‌دانم دکمه اجاق خوراک پزی را خاموش کردم یا نه. برای اینکه

مطمئن بشوم باز قفل در را باز می‌کنم و می‌روم تو تا ببینم که دکمه اجاق حتماً خاموش است و مطمئن بشوم که درِ یخچال خوب بسته شده و شیر آبگرمکن چکه نمی‌کند. این اطمینان حاصل کردن‌های من سر آخر همه فقط وقت تلف کردن است و دیگر هیچ. چیزی نیست غیر از مشتی وسواس و نگرانی‌های بی‌اساس. اما این بار در برگشتنم به خانه یک حکمتی بوده انگار که کبریت را ببینم. در جایی دور و پنهان زیر پیانو. معلوم نیست اصلاً چطور رفته آنجا. خم می‌شوم می‌روم با احتیاط تا صدمه‌ای نزنم به پیانو یا به سر خودم. دستم را دراز می‌کنم. انگشتانم کبریت را بیرون می‌کشند. سرم می‌خورد به تخته‌ای و دکمه‌ای به صدا در می‌آید و نُتی تا آنجا که می‌تواند کشش می‌دهد. کبریت خالی است. باز تکانش می‌دهم. نه، صدائی نیست. جعبه کوچک را باز می‌کنم. حتی یک دانه چوب در آن نیست. در این مواقع سرکشیدن یک جرعه کنیاک حالم را بهتر می‌کند. این اولین جرعه امروز است.

توی راه پله کلاه را از کیفم در می‌آورم. درِ ساختمان مدتی است به کُندیِ دروازه‌های کهنه‌ی زوار در رفته باز و بسته می‌شود. با تقلای کشیدن بازش می‌کنم و خارج می‌شوم. اولین قدمم به بیرون مُحکم و ناغافل می‌خورد به لبه‌ی پاشنه‌ی در و می‌روم که کله پا شوم. گُه! کیسه زباله را می‌اندازم توی محل زباله‌ها. آسمان بالای سرم زشت‌ترین آسمانی است که به یاد می‌آورم. مثل یک غروبِ زشت است. آسمان یکپارچه خاکستری بدون

هیچ غیر از خاکستریِ خیس و نور سرخ باقیمانده از خورشیدِ سقط شده پشت اینهمه خاکستری، هنوز هست. شاید همیشه در همه جای دنیا ساعتی هست که طلوع و غروب با هم شبیه هستند و این هم ربطی به زشتی و زیبایی آسمان ندارد. تلفنم زنگ می‌زند.

تام مرد پیری است که هفته‌ای دو روز یک مددکار مثل من جهت کمک به او به خانه‌اش فرستاده می‌شود. چهار هفته است که این شغل به من محول شده. امروز هم من باید به خانه او می‌رفتم و مثل هر روز دیگر در خانه‌ی او کارم را با نظافت خانه‌اش شروع می‌کردم بعد نوبت شستشوی او در حمام است. عاشق بیرون رفتن است و خرید. ویلچرش را که کیسه‌های خرید از آن آویخته هُل می‌دهم به سوی پارک. او حرف می‌زند. ظهر به خانه برمی‌گردیم. غذایی ساده درست می‌کنم و باهم می‌خوریم. باید طوری سر او و خودم را گرم کنم تا ساعت پنج بعد از ظهر که ساعت کارم تمام می‌شود و من تند بزنم به چاک و خودم را برسانم به نزدیک ترین محل برای کشیدن سیگاری و نوشیدن آبجوئی. تام اهل دود و مشروبات الکلی نیست، او بیش از هرچیز اهل حرف زدن است. از گناهان بشری حرف می‌زند و از معصومیت پسر مُرده‌ی خودش چیزهایی می‌گوید. پسری که در جوانی کشته شده و من هنوز متوجه نشده‌ام موضوع چه بوده.

می‌گوید: من فقط نمی‌خواستم او با گروه‌های تروریستی قاتی بشود. همین. قصد دیگری غیر از این نداشتم. نمی‌دانستم چکار بکنم یا به که بگویم.

: کُشته شد؟!

: در سن بیست و یک سالگی. تنها پسرم بود. می‌فهمی‌چه می‌گویم، نه؟

: روراست نه تام. درست نمی‌فهمم چه می‌گویی. ببخشید.

: درباره کتابی که از آن حرف زده بودی و قول‌دادی که بیاوری آن را برایم بخوانی!

: تام! پس خواهش می‌کنم اول تو به حرف من گوش بده. حتماً باهات تماس گرفته‌اند و گفته‌اند که من امـــروز نمی‌توانم بیایم چون کار مهمـــی دارم. بجای من اما مـونا می‌آید. همان خانم خوبی که تو دوستش داری.

تام دوباره می‌گوید: باشد. پس یادت باشد آن کتاب را از یاد نبری.

می‌پرسم: از کدام کتاب حرف می‌زنی؟

: همان مردی که پسر خودش را کُشت.

: کی بود؟

: اسم کتابِ رستم بود.

: من گفتم؟ مطمئنی؟

: بله. تو گفتـــی یک کتاب می‌شناسی درباره مـــردی که پسر خـودش را کشت. یادم نیست اسم پسرک چه بود. گفتی اما از یادم رفته حالا.

: سهراب؟

: همین بود شاید. گفتی کتاب به فارسی‌ست.

باید با توافق او مکالمه را تمام کنم وگرنه باز تماس می‌گیرد.

می‌گویم: پس لابد گفته‌ام اگر که تو مطمئنی.

: همین جـــا توی خانه می‌نشینیم و تو آن را می‌خوانی. نمـــی‌رویم بیرون. غذا هم به اندازه کافی داریم. نیاز به پخت و پز هم نیست.

: باشد. حتماً. اما یادت باشد که من امروز نمی‌توانم بیایم و هفته‌ی دیگر می‌آیم.

: چرا امروز نمی‌آیی؟ باز داری می‌روی فرودگاه؟

: بله.

: کی تو را فرستاده به فرودگاه. بخاطر شغلت؟

: خواهرم دارد می‌آید. کسی را به غیر از من ندارد. باید بروم به کمکش.

: به فرودگاه می‌روی یا به آسایشگاه سالمندان؟

: فرودگاه تام فرودگاه.

: نگفته بودی که خواهر داری! خواهر هم داری؟

: نوبت بعد که ببینمت همه چیـز را برایت توضیح می‌دهم. فعلاً باید عجله کنم تام. تو هم روز خوبی با مونا خوشگله داشته باشی.

راضی می‌شود که مکالمه را تمام کند: باشد، باشد. کتاب یادت نرود.

اصلاً به یاد نمی‌آورم به او قـــول داده باشم چنین کتابی برای او بخـــوانم. تام همیشه چیزها را عوضی می‌شنود. شاید درباره داستان رستم و سهراب چیزهائی به او گفته‌ام. خب گفته‌ام. از من پرسید از افسانه‌هـــای ایرانی چه کتابی خوانده‌ام و من هم الکـــی گفتم رستم و سهـــراب. و چیزهائی برای او گفتم که از زبان دیگـران شنیده‌ام. اینکه رستـــم در یک جنگ تن به تن به اشتباه مـــی‌زند پسر خودش سهراب را می‌کُشد. همین. اما نمی‌دانم این کتاب

را چطور می‌شود پیدا کرد.
اصلاً کتاب خواندن کاری نیست که با وقت و حوصله و حتـــی با اخلاق خودِ من جور باشد چه رسد به این که برای دیگران بخوانم.

تلفن را خاموش می‌کنم و باز پس می‌اندازم توی کیفِ از شانه آویخته‌ام. کلاهم را بر سر می‌گذارم. از این لحظه امکـــان هرگونه مواجهه با آدم‌هـــا هست و کلاهم بهترین محافظم در مقابل نگاه‌هـــا. نگاهِ همین آدم‌ها که الان یک عده‌شـــان توی ایستگـــاه اتوبوس ایستاده‌اند در این صبح خیلی زودِ دَم کرده‌ی شرجی و وانمود مـی‌کنند سالم و ورزیده آمـــاده‌اند برای انجـــام هر کاری که از آنهـــا خواسته شود. لبه کلاه را پایین می‌کشم. کبوتری هراســـان روی زمین دنبال چیزی می‌گردد. راه می‌رود. می‌ایستد. دور خودش می‌چرخد و باز می‌رود. انگار قبلاً اینجا بوده و می‌داند یک خوراکی چیزی باید اینطرف‌ها باشد. خودش اینجا بوده یا کبوتر دیگـــری او را به این آدرس فرستاده غافل از این که خوراکی قبلاً توسط کبوتر دیگری خورده شده. به پاهـــای من نزدیک می‌شود. لگدی به سویش می‌پرانم. به او اصابت می‌کند یا نه. نگاه نمـــی‌کنم. اگر هم اصابت کرده به جهنم. باید حواسم به اتوبوسم باشد که حالا دارد در ایستگـــاه توقف می‌کند. از همین بیـــرون پیش از سوار شدن جای خودم را توی اتوبوس انتخاب می‌کنم. این هم البته فقط جایـــی است برای ایستادن. محلی که دو تا راهـــرو را بهم وصل مـــی‌کند مثل یک پاگـــرد در یک راه پله. می‌شـــود در کُنج آن بر میله‌ای لمید. عجیب است، چـــرا هیچکدام از مردمی

که وسط راهرو ایستاده‌اند نمی‌آید این جـــا را اشغال کند. پس لابد خدا این مکان را برای من نگه داشته. باز هم لبه کلاه را پایین‌تر می‌کشم تا نگاهم به نگاه کسی تلاقـی نکند و بتوانم آزادانه هُل بخورم لای جمعیت و حضـــور دیگران را ندیده بگیرم و خیز بردارم بســـوی هدفم که رسیدن به آن جـــای راحت توی اتوبـوس است. صدای اعتــراض مردی را مـــی‌شنوم. انگـــار به او تنه زده‌ام. زدم؟ لابد زدم بدون این که بخواهم. سر برنمی‌گردانم به عقب نگاه کنم. نه. پشت سرِ من هیچ نیست غیـــر از بهم ریختگی و خشـونت. به جای درگیر شدن با پشت سر، سُریده و خـــزیده‌ام تا به مقصد خـــودم رسیده‌ام، به این نقطه گشـــاد دل باز میان لوله‌هـــای قطور. اتوبوس به راه مـی‌افتد کُند و سنگین. شادمانه به اطـراف نگاه می‌کنم. انبوه مردم در خیابان‌ها. همه شبیه بهم هستند. مدتی بعد اتوبوس به ایستگاه دیگر می‌رسد و مـــی‌ایستد. عده‌ای پیاده و عده‌ای سوار می‌شوند. به صـورت کسی نگاه نمی‌کنم. فقط رفت و آمد پاهـــا را می‌بینم. نیازی نیست به صورت دیگران نگاه کنم. خوشم برای خودم در اینجـــا در این امن‌ترین جـای دنیا که متعلق به من است. امـا افسوس که این شادی چندان دوامی ندارد و فـــرو می‌ریزد با ظاهـر شدن ناگهـــانی آن چرخ‌هـــای مخوف که سیاه و سنگین می‌غلتند و به سوی من مـی‌آیند. سعی می‌کنم آنهـــا را نادیده بگیرم اما آنها مرا نادیده نمی‌گیرند. پیش‌تر می‌آیند. باز تأملی می‌کنند و فـرصتی به من می‌دهند که خودم را جمع و جـــور کرده عقب نشینی کنم. اما من عقب نشینی نمی‌کنم و آنها به قصد شکستن ساق پاهایم با خشم پیش می‌آیند و من البته که دیگـر چاره ندارم جز عقب

نشینی. ترسیده دست به کلاهم می‌برم و خودم را می‌سُرانم توی جمعیتِ توی راهـروِ وسط اتوبوس که یکصدا دارد به من می‌خندد. جمعیتی که نمی‌خواهد بگذارد من لای آن جـا بگیرم. از زیر لبه کلاه مـی‌بینم که چرخ هـا متعلق به یک کالسکه بچه است و زنی آن را هُل می‌دهد. سرم را کمـی بالا می‌برم تا صـورت زن را هم ببینم که فاتحانه کالسکه را در آن جای راحتِ من جای داده. با غـرور و با بادی که از سوراخ‌هـای دماغش بیرون می‌پرد نگاهـی به اطراف می‌اندازد. تن بزرگ خود را تکانی مـی‌دهد و بر یکی از صندلی‌های مخصوص مادران کالسکه‌ران می‌نشیند. به بچه‌ی توی کالسکه نگـاه مـی‌کند. پستانک از دهـن بچه بیرون افتاده. مادر آن را باز پس فـرو می‌کند توی دهن او امـا بچه با خشم و با دست‌های مسلط خود پستانک را از دهن بیرون می‌کشد و پرت می‌کند توی صورتِ زن. کلاه را پائین‌تر می‌کشم تا از نگـاه آنان فرار کنم. پیدا است آنهـا ادامه دعوایی را که در بیـرون با هم داشته‌اند به داخل اتوبوس آورده‌اند. هنـوز دست‌هـای بچه را می‌بینم که بسوی صورت زن هجـوم می‌برند و برمی‌گردند. از نحوه جُنبیدن دست‌ها می‌فهمم که دیگـر به من نگاه نمـی‌کنند. دست زن یک تکه بیسکویت در دهن بچه مـی‌گذارد اما دست بچه بیسکویت را از داخـل دهن درمی‌آورد جلوی صـورت خود می‌گیرد، پشت و رویش را وارسی و بعد همه‌ی آن را در دهن می‌گذارد و مـی‌جود و باز نگاهش به من می‌افتد. این بار تصمیم می‌گیرم در برابر نگاه او کمی مقاومت بکنم یا حتی مقابله بکنم. می‌خواهم چشم درچشم آن بچه بدوزم برای لحظه‌هـا و ثانیه‌ها. امـا چه سرگرمی خوفناکی! اینطـور که او

به داخل مردمک‌های من زُل زده مُصمم است در این مسابقه‌ی نگاه یا در این مبارزه‌ی نگاه حتماً برنده شود و مرا به شکست مفتضحانه بیندازد. اطمینان دارم که من از او ضعیف‌ترم و نمی‌توانم برای مدت طولانی چشم به چشم او بدوزم چون نگاه او شباهت غریبی به نگاه پدرم دارد، وق زده و حق به جانب. گاهی نگاهم را کج می‌کنم و می‌گردانم به روی پیشانی‌اش بعد می‌روم سراغ گوش‌هایش. من نمی‌توانم سنِ بچه ها را تشخیص بدهم اما اگر روزی موفق به این کار شوم سن آنان را از روی گوش‌هایشان تشخیص خواهم داد. چقدر با نفرت به من نگاه می‌کند. به فاصله خالی بین دو ابرویش خیره می‌شوم. حس سوزش عمیق بر پیشانی‌ام می‌دود. زورم دارد تمام می‌شود. ذره ذره دارم جا می‌زنم. سرانجام من نبرد را می‌بازم. لبه کلاه را با شرم پائین می‌کشم. پائین‌تر. تمام هیکلم را برمی‌گردانم به سمت دیگر، پشت به بچه، تا گریز کامل خود را از میدان مبارزه اعلام کرده باشم. سرم را می‌برم توی روزنامه‌ی مردی که بر صندلی نشسته. یک دختر بچه پنج ساله گم شده. ادامه خبر با عکس بچه و پدر و مادر او همراه است. خبر درباره یک خانواده جوان است که دوران تعطیلات خود را در جایی می‌گذرانده‌اند و در یکی از همان شب‌ها زن و شوهر بچه‌ی خود را در اتاق هتل تنها می‌گذارند و خود برای شام به خارج از هتل می‌روند و نیمه شب، لابد مست، برمی‌گردند و می‌بینند بچه‌شان در اتاق نیست و پنجره اتاق رو به دریا همچنان باز است به همان شکلی که قبلاً بود.

مرد می‌فهمد که سرِ من در روزنامه‌ی اوست. سنگینی سایه‌ام را حس کرده و اعتراض خود را با تکانـــی به باسن گنده‌اش و با نیم نگاهی به من نشـــان می‌دهد. از او هم رو برمی‌گردانم. به هیچ فکر می‌کنم. فکـر می‌کنم هیچ چیز آنقدر مهم نیست که فکر مرا به خودش مشغول کند. نباید بکند. شاید اگر آنها پنجره اتاق هتل را باز نمی‌گذاشتند این اتفاق نمی‌افتاد. اگر من رئیس قوه قضائی بودم هرچه زودتر پدر و مادر را دستگیر می‌کردم و به زندان مـی‌انداختم تا درس عبرتی بشود برای خانواده‌های دیگر. اما حالا که من رئیس قوه قضایی نیستم و اگر آنها را به زندان بیندازم چه کسی به جستجوی بچه بپردازد در این لحظه که اتوبوس من به مقصد رسیده؟
پیش از پیاده شدن باز نگـــاهی به بچه ی توی کالسکه می‌اندازم. چشم‌هایش هنوز از لابلای شکاف‌های جمعیت دنبال من مـــی‌گردند. خودم را بیرون مـی‌کشم و مـی‌افتم روی جمعیتی که مـــی‌خواهند سوار شوند. زنی خود را عقب می‌کشد. سنگینـــی نگاه یک مـرد عصبانی را حس می‌کنم. لبه کلاهم به من اجازه می‌دهد بی اعتنا به دیگران راه خود را در پیش گرفته بروم.

نگاهـــم سرگردان مـی‌گردد در اطـــراف که اگـــر کسی را با سیگار ببینم از او آتش طلب کنم. از یک خیابان باریک دراز مـــی‌گذرم می‌رسم به خیابان پشت ساختمـــان بیمارستان. اینجـــا خلوت است و فرصت خوبـــی که من بطـــری بغلی را در بیاورم و جرعه‌ای بنوشم. حالا نوبتِ طی کردن عرض خیابان است. بعد باید از کوچه‌ای بگذرم و به خیابان اصلی برسم که درِ اصلـی بیمـــارستان

در آن باز می‌شود. ناگهـــان یک مـــوتور سوار تُند می‌گذرد بی توجه به من که وسط خیابان هستم یا شاید با توجه به اینکه مـــرا زیر بگیرد. تُند و ترسیده خود را عقب می‌کشم و به جای قبلـی‌ام پناه می‌برم. مـــوتور سوار که سر و صـــورتش توی کلاه ایمنی مخفی است مـــی‌رود دور می‌شود. چند تا نفس عمیق مـــی‌کشم تا این بار با نگاه‌های محتاطانه تری به اطـــراف، عرض خیابان را طـی کنم. زنی در مقابلم ظاهر می‌شود با گیس‌های بلند خاکستری و لباس بلند صورتـــی وارفته‌ی گشاد. انگـــار از تیمارستان فـرار کرده دنبال مخفیگاهی می‌گردد.

می‌پرسد: ببخشید تو می‌دانی که این پاب سرِ کوچه کی باز می‌شود؟

می‌پرسم : چیه سرِ کوچه؟

: پاب. بار.

با دست خالی ادای آبجوخوری درمـــی‌آورد که به منِ خارجی بفهمـــاند منظـــورش چیست.

می‌گویم: الان که خیلی زودست برای باز شدن پاب‌ها.

می‌گوید: می‌دانم. شوهر دختـــرم آنجا کار مـی‌کند. تو هم توی آسایشگـــاه سالمندان کار می‌کنی.

: من!؟

: تو ترسیده‌ای. یا عیسی ی مصلوب.

: من عجله دارم.

می‌گوید: تو را بخدا وایستا. من تو را می‌شناسم.

: چطور!؟

: همـــان سال که دخترم مرا فرستاد به آسایشگاه پیرهـا. خیال کردند من پیر هستم. جنده!

می‌خندد. فقط سه چهار تا دندان جلو توی دهن او مانده و جای بقیه خالی است.

می‌گوید: می‌فهمی‌چه می‌گویم چون خودت اینکاره‌ای.

: نه. من کاری به آسایشگاه پیرها ندارم. نیستم..

: نیستی.

: نه. هرگز توی آسایشگاه پیرها نبودم.

: می‌دانم.

: ها؟!

: می‌روی به خانه پیرها و معلول‌ها. توی خانه‌ی آنها ازشان نگه‌داری می‌کنی.

: چطور می‌دانی؟

: تو را می‌شناسم. شغلت همین ست.

: من پیانو می‌زنم. شغل من پیانو زدن ست.

: اما فقط پیرها نیستند که نیاز به کمک دارند.

: می‌دانم.

: اول باید خانه داشته باشی تا بعد کسی را برای مراقبت از تو بفرستند.

: نمی‌دانم.

: من که خانه ندارم. هیچوقت نداشتم. دخترم همه‌ی خانه را بالا کشید و یک

لگد هم زد در کون من و بیرونم کرد. نه. خانه ندارم.

: کبریت چی. داری؟ هیچوقت داشتی؟

: کبریت یا فندک؟

: همان فندک منظورم بود. پس داری؟

: مواظب باش. همین امروز یک مرد بخاطر یک فندک رفت زیر موتورسیکلت و مُرد. او هم خارجی بود.

: جداً؟ کی؟

: قبل از اینکه تو پیدایت بشود جسدش را بردند.

دستش را بالا می‌آورد و جایی را نشانم می‌دهد. نگاه من اما می‌ماند بر انگشت اشاره او که زخمی است و خون آلود: چی شده انگشتت؟

دستش را تند می‌برد پشت سرش: چیزی نیست. درد نمی‌کند.

دخترم دستگیره‌ی درِ قوطی آبجو را شکست و بعد دیگر هیچ رقم نمی‌شد بازش کرد مگر با ضربه فشار انگشت. لبه سوراخ تیز بود انگشتم را برید. جنده!

زیپ کیفم را باز می‌کنم: بذار تا بهت چسب زخم بدهم. یک بسته همراه دارم.

: نه نه. چسب زخم نمی‌خواهم.

انگشت را بالا می‌آورد. خون را با لباس پاک کرده. نوک انگشت را در دهن می‌گذارد و بیرون می‌کشد: اینجور زخم‌ها را نباید بپوشانی. زخم باید در هوای آزاد بماند تا خوب شود.

: کو هوای آزاد در این روز بی هوایی؟

می‌خندد: امیدوار باش پسر.

زیپ کیف را می‌بندم: باشد. پس مراقب خودت باش.

اینهم پلکان ورودی بیمارستان. با آخرین امید برای یافتن آتشی که سیگارم را بگیراند پا بر اولین پله می‌گذارم. اما خبری ازآتش نیست. بالا می‌روم. دیگر برای سیگار روشن کردن دیر شده خیلی دیر چون توی راهرو بیمارستان هستم.

در بخش زایمان، پرستاری پشت میز پرستارها ایستاده چیزی می‌نویسد.
پستانهایش بر سطح شیشه‌ای میز لمیده‌اند. زُل می‌زنم به چاک لُخت بین دو برجستگی از گوشت زنده‌ی لرزان. عشقبازی در صبح خیلی زود را دوست دارم. یک لرزش دیگرِ پستان‌ها و پرستار که سر چرخانده به عقب و از کسی که دیده نمی‌شود می‌پرسد: امروز چندم ست؟
صدا می‌گوید: سیزدهم.
صدا سیلی زده توی گوش من. سیزده. عددی که همیشه با من هست. جزو تاریخ تولدم. من متولد شده در روز سیزدهم یک ماه از تقویم هجری شمسی هستم در حالیکه در تمام مدارک امروزم در این کشور تولد من به تقویم میلادی نوشته شده و عدد سیزده هم در آن نیست اما خب بالاخره خودم که می‌دانم من در یک روز سیزدهم (طبق چه تقویمی فرق نمی‌کند) به این دنیا آمده ام.
: ببخشید آقا! کجا می‌روی؟

: اتاق شماره نُه.

پرستار با طعنه مرا ورانداز می‌کند. جلوی خنده‌ی خود را گرفته. مـــی‌گوید: زودتر هم می‌توانستی بیائی.

: ببخشید مثلاً کی باید می‌آمدم. نصف شب؟

با دست ته راهرو را به من نشان می‌دهد: آنجا یکی مانده به آخر.

: خودم راه اتاق شماره نُه را بلدم چون تمام دیروز آنجا بودم. حتی دیشب می‌خواستم همین جا بمانم اما همکارهای شما اجازه ندادند.

: تو دیشب اینجا بودی؟

: دیروز. دیشب. پس چه کســـی لیلی را آورد؟ من بودم . تو نبودی. مـــن تو را ندیدم.

: تو شوهر گل هستی یا شوهر لیلی؟

: با لیلی هستم. شوهرش نیستم.

: پدرِ بچه هستی؟

: شاید.

: ببخشید؟

کلاهم را بر سر می‌گذارم: اتاق شماره نُه.

می‌روم و نگاه عصبانی پرستار را که پشت سر جا گذاشته‌ام حس می‌کنم. شاید دارد به انتقام گرفتن از من فکر می‌کند بخاطـــر اینکه خیال می‌کند اول صبحـــی من با او تند حرف زده ام. بهرحال من که اهمیت نمی‌دهم.

زننده‌ترین موسیقی دنیا در راهرو نواخته می‌شود. موسیقی زشتی ساخته شده

از جیغ‌های یکنواخت بچه‌های تازه به دنیا آمده. همه مثل هم از پشت درهای بسته اتاق‌ها یک نُت گوشخراش بی پایان را در سرتاسر راهرو فریاد می‌زنند. صدا بر من هجوم می‌آورد. پناه می‌برم به پشت درِ اتاق شماره نُه که لای آن کمی باز مانده. لیلی پشت به در رو به پنجره بر تختخواب زیر ملافه سفید دراز کشیده. فقط یک دستش را می‌بینم که بیرون از ملافه در آستین لباس فیروزه‌ای رنگ مخصوص زایشگاه روی پهلوی او لمیده و در گوشه دیگر اتاق گُل روی تختخواب خودش نشسته همچنان دارد یک ملافه سفید را قیچی می‌کند. اگر وارد اتاق بشوم و لیلی مرا ببیند باید قید کشیدن سیگارم را برای مدت‌ها و برای ساعت‌ها بزنم و فقط حسِ هوس آن را تحمل کنم. اگر وارد اتاق نشوم و لیلی مرا نبیند می‌توانم به حیاط بیمارستان بروم و دنبال آتشی بگردم. مخصوصاً همین حالا وقت این کار است. خودم را راضی می‌کنم که همه چیز آرام است و فعلاً نیازی به وجود من در اتاق نیست. بسوی انتهای راهرو می‌روم. از در شیشه‌ای خارج می‌شوم. می‌رسم به پلکان آهنی که پلکان فرار است و مرا می‌رساند به حیاط.

: هوای جهنم بهتر از هوای اینجاست.

: قرارست بدتر هم بشود.

: پناه بر خدا.

زنی حدود شصت و چند ساله بر پلکان نشسته. پیرهن گشادش را بالا کشیده لبه‌های آن را گرفته و پاهای لخت عرق کرده‌اش را باد می‌زند: خدا را شکُر حال زنِ تو خوب است. معلوم‌ست چون طبیعی زایید. آنطور که خودِ خدا

گفته نه ماماهای امروزی.

من هنوز روی پلکان آهنی ایستاده‌ام و هر لحظه خیال پایین رفتن دارم. او نشسته سر بلند کرده و حرف می‌زند: پسرست.

: باید بروم.

: زنت دختر خوب و با شخصیتی‌ست مثل دخترِ خودِ من. اما بیچاره دختر من فقط دارد درد می‌کشد. بچه باید دیروز به دنیا می‌آمد. یک دختر مامانی. یا لااقل دیشب. اما هنوز هیچ نشانه‌ای نیست غیر از درد. اگر امروز هم نیاید باید شکم او را پاره کنند. خدا به من رحم کند. آرزو دارم او پنج تا بچه بیاورد. سه تا پسر و دوتا دختر. خدا به ما کمک کند.

بدون اینکه به حرفی که می‌زنم اطمینان داشته باشم می‌گویم: خُب سزارین هم یک عمل طبیعی ست که برای بعضی ها لازم ست.

: لازم نیست. از بی اطلاعی دکترها و بی تجربگی ماماهای امروزست.

: نه. اصلاً اینطور نیست. گمان نمی‌کنم.

: می‌گویی درست است که شکم زنهای مردم را جر بدهند بخاطر بیرون آوردن یک

بچه‌ی دو سه کیلویی؟

: مقصودم این ست که این کار معمولی ست و امروزه بی خطر.

با خود می‌نالد: خطر. خطر.

می‌گویم: ببخشید تو سیگاری نیستی. هستی؟

از سر بالا گرفتن خسته شده. با روبرویش حرف می‌زند: بچه‌ی شما سه کیلو

و صد گرم‌ست و زن تو هم حالش خوب ست.

باز سر بلند کرده به چشمانم نگاه می‌کند: تو چی گفتی؟

: گفتم او زن من نیست.

: فرق می‌کند؟

: خب.

: پدرِ بچه‌اش که هستی.

: اگر خدا بخواهد.

: تو چه می‌خواهی. مهم تو هستی.

: کبریت یا فندک.

: من که ندارم.

: نه؟

: نه. ببخشید. اصلاً چرا سیگار می‌کشی تو پسر جان؟

: برای سرگرمی.

از پله‌ها پائین می‌روم. زمین حیاط پوشیده از چمن است. دو سه تا نیمکت پراکنده در چند گوشه حیاط دیده می‌شوند. نه باغچه‌ای هست نه گلی. فقط چمن هست و درخت‌های خیلی بلند صف بسته دورتا دور حیاط جلوی نرده‌های آهنی که حیاط بیمارستان را از حیاط بغل و از خیابان جدا می‌کند. چه نرده‌های بلندی! یک نیمکت در اشغال یک جفت پیر است که سیگار نمی‌کشند. بر نیمکت دیگر یکی دراز کشیده زیر پتویی خاکستری خوابیده. جلوتر می‌روم. زن و مردی وسط حیاط ایستاده پشتشان به من

است. هنوز مرا ندیده اند. از پشت سر هم می‌توان فهمید که مرد جوان‌تر از زن است و در ضمن تازه از سلمانی آمده. مُدل موهایش را مثل همه‌ی نوجوان‌های امروزی درست کرده. پشت سر و دور گوش‌ها خالی و وسط سر پُر از مو. با حرارت برای زن حرف می‌زند با لهجه غلیظ خارجی: گفتم بگذار بروم بچه‌ام را ببینم زود گفتم دلم تنگ شده دلم تنگ شده بلند گفتم آنوقت پرستار ترسید.

و خودش غش غش می‌خندد. به راه می‌افتند. زن نمی‌خندد و بچه در بغل طوری راه می‌رود که انگار کمک می‌خواهد: نباید این کار را می‌کردی.

پسر می‌گوید: به او گفتم ببخشید. گفتم.

زیر بغل زن را گرفته و زن دارد راحت‌تر راه می‌رود. در گوشه‌ای از حیاط سوراخی مثل دهنه‌ی یک غار هست و دری رو به یک تونل. مردی لاغر و بلند با کلاه بزرگ عجیبی بر سرش از دهنه غار بیرون می‌آید. سیگاری روشن می‌کند. نه، انگار ته سیگار خیلی کوچکی را روشن می‌کند و تند تند پک می‌زند. خودم را جمع و جور می‌کنم بدوم به سمت او که می‌رود بطرف درِ ورودی توی حیاط. از این فاصله نمی‌توانم او را صدا بزنم. چند بار کلمه‌ی ببخشید را بر لب‌ها می‌آورم اما نه آنقدر بلند که او بشنود. به در ساختمان نزدیک شده. پیش از آن که من به او برسم او ته سیگارش را زیر پا له کرده و رفته داخل. می‌رسم به ته سیگار بلکه خُرده آتشی هنوز در آن باقی مانده باشد. اما نیست. آتشی نمانده و من سرافکنده برمی‌گردم با سیگار خاموشم بر لب. باز همان زن و مرد را می‌بینم. این بار از روبرو می‌آیند.

زن نوزاد در بغل خوشحال است. پیروزمندانه خوشحال است و خنده‌ای بر تمام سطح صورتش ماسیده. از من خوشش نمی‌آید و این حس را نه تنها پنهان نمی‌کند که اتفاقاً بطور متظاهرانه‌ای آشکارا به خود من و به شوهر جوانش نشان می‌دهد که از من خوشش نیامده. پسرک هم وانمود می‌کند مراقب است که من ناگهان به زن و بچه ی او حمله نکنم. به قصد شیطنت سیگار را از لای لب ها برنمی‌دارم و شُل و ول‌تر و آزادانه‌تر قدم برمی‌دارم. زن ایستاده خود را به مردش می‌چسباند. ازکنارشان می‌گذرم. برنمی‌گردم به پشت سر نگاه کنم ولی سایه برگشت آنان به سمت خودم را حس می‌کنم. روی نیمکتی می‌نشینم که در مسیر قدم زدن آنها است. اگر هم آتشی پیدا کنم حتماً همین جا در مقابل نگاه آنان سیگارم را دود می‌کنم و جرعه‌ای کنیاک هم سرمی‌کشم. حیاط بیمارستان هیچ دری به خیابان ندارد. دست‌هایم را از دو طرف می‌اندازم روی پشتی نیمکت. اصلاً من در اینجا چه می‌کنم؟ چه می‌خواهم؟ از کجا معلوم لیلی درست می‌گوید و بچه‌ی او مالِ من است؟ چرا دروغ بگوید؟ اگر مرد پولداری بودم یا اگر لیلی عاشق من بود جایی هم برای این شک بود اما حالا که هیچکدام از اینها نیست پس حتماً این بچه باید کارِ خودِ منِ احمق بوده باشد. سرم بی اراده به پشتی خمیده می‌شود. لبه کلاهم رابطه‌ام را با بیرون قطع می‌کند و مرا تماماً فرو می‌برد در خودم، درون تونل تاریکی.

اتاق زایمان بزرگ است. یک زن پرستار پیر و دو تا مرد دکتر جوان لیلی را از روی تخت چرخدار منتقل می‌کنند به روی تخت مخصوصی که در اتاق

ثابت و محکم است. اگر بخواهم توی اتاق بمانم باید روپوش آبی بپوشم. کیفم را روی یک صندلی می‌گذارم. پرستاری مرا به تندی رو به بیرون هدایت می‌کند هُلم می‌دهد و پرستار دیگری مرا به داخل اتاق دعوت می‌کند با مهربانی و خوشرویی مرا به داخل می‌کشد یا به بیرون. خودم را بر صندلی دور از لیلی می‌اندازم که نمی‌دانم در اتاق زایمان است یا در راهرو. لیلی ناله می‌کند جیغ می‌کشد. دکترها و پرستار دور پاهای لخت او حلقه زده‌اند. نمی‌خواهم ببینم اما دست خودم نیست و گریزی از دیدن نیست. حالت تهوع دارم. لیلی به زبان فارسی چیزهائی می‌گوید. فحش می‌دهد اول به یک شخص نامعلوم بعد به من فحش می‌دهد و جیغ می‌کشد: بی شرف سیا... مادر جنده!

دست‌هایم را بر روی صورتم می‌گذارم.

: الهی که تکه پاره بشوی الهی بروی توی جهنم.

پنجه‌های دست‌هایم را بر روی صورتم بالا و پائین می‌برم. پاهای سفید لیلی لابلای دست‌های دیگران است و درد مثل حجمی از هوا در تن من سرگردان. سرم دارد می‌ترکد. در میدان نگاهم حفره‌ای بسته هست که ذره ذره باز می‌شود باز و بازتر دایره‌ای از گوشت سرخ با لکه سیاهی در وسط. در عمق لکه چیزی شروع به جُنبش می‌کند می‌جُنبد و ظاهر می‌شود باز هم لکه‌ای سیاه این بار پوشیده از مو دهانه‌ی حفره را پُر می‌کند و از لای حصار تنگ حفره بیرون می‌خزد و دست‌کش‌های لاستیکی به کمکش می‌شتابند و آن تکه گوشت لخت جُنبنده را بیرون می‌کشند. باید فرار کنم از این تصویرهای

موهوم باید به جای دیگــر پناه ببرم. بچــه‌ای جیغ می‌کشد. گریه می‌کند.

تخت حامل لیلی در سکوت و آرامش از اتاق زایمان به بیرون هل داده می‌شود. در راهرو دستش را می‌گیرم و نگاه در نگاه همراه با او که دراز کشیده راه می‌روم. به اتاق شمــاره نُه بازگردانده می‌شویم. او را به رختخـــواب خودش منتقل می‌کنیم. هنوز بی‌هوش است و یا نا ندارد حرف بزند. چشم‌هایش بسته است. نـــوزاد را هنـــوز به اتاق نیاورده‌اند. بر صندلی کنـــار تختخواب لیلی می‌نشینم و پلک‌ها برهم مـــی‌گذارم و پرستاری که چاک سینه‌اش پیداست با قیافه‌ای که اندوه دروغـی به خود گرفته وارد اتاق می‌شود و می‌گوید متاسفم به شما اطلاع بدهم که نوزاد شما مُرده به دنیـــا آمد. کامـــلاً بی جان. مُـــرده. متاسفم. پرستـــار ناپدید می‌شود و پلک‌هـــای من از هم باز مـــی‌شوند و من می‌فهمم این فقط یک رویا است. نه امیدی نیست.

بالاخـــره امشب پدر در این تاریکی برای همیشه از اسارت دردهایش رهـــا می‌شود و با کمک من به آزادی ابدی می‌رسد. هنـــوز اما زنده است و چشمانش مثل دو تا تیله کهنه‌ی کدر از لای تاریکی به من خیـــره شده اند. صـورتم را به او نزیک می‌کنم تا از تکان لب‌هایش بفهمم چه می‌خواهد. یک کلمه از لای جُنبش لب‌ها به چنگم می‌آید. پرده. تختخواب پدر نزدیک به تنها پنجره اتاق است. پرده پنجره کامـــلاً کشیده و بسته است. از تختخواب فاصله مـــی‌گیرم. چشمـــان خاک آلود او هم با مـــن بطرف پنجره می‌گردند.

پرده را کنار می‌کشم. یک شقه نور پاشیده می‌شود روی صورت او. لبخند می‌زند، نه به من، به ماه لبخند می‌زند که قُرص کامل در آسمان نشسته. بار دیگر دست بر جیب پیرهنم می‌کشم تا مطمئن بشوم که تکه تریاک هنوز در آنجا هست. در روشنایی ماه تارهایی لابلای سبیل خاکستری پدر می‌درخشند. دو شاخه سبیل بلند که از دو طرف رو به بالا به جانب گونه‌ها تابیده و بالا رفته‌اند. سبیلی که برازنده یک استوار نیروی زمینی ارتش شاهنشاهی بود. این بیمارستان هم که پدر دارد در آن می‌میرد در زمان گذشته متعلق به ارتش شاهنشاهی بود و در زمان حال به مالکان رژیم تازه تعلق دارد. بیماران اینجا به دو گروه تقسیم شده اند، گروه بیماران عادی مثل پدر و گروه مجروحان جنگ که بیشترشان جوان هستند. امیدی به تمام شدن جنگ نیست اما امیدی به تمام شدن دردهای پدرم در یکی از همین شب‌ها مثل امشب هست. به دلیل وضعیت درهم ریخته‌ی بیمارستان به آن دسته از خانواده‌های بیماران عادی که حال بیمارشان وخیم است گفته شده که بیمارستان به اندازه کافی پرستار ندارد و باید یکی از افراد خانواده تمام مدت پیش بیمار بماند. مادر سه هفته اینجا بود تا اینکه من امشب خواستم به جای او پیش پدر بمانم. پدر با نگاهش از من کمک طلبیده. کمکی که از مادر برنمی‌آید. آن دو تا چشم کم جان به من خیره می‌شوند. او درد می‌کشد و به گفته‌ی دکتر کاری بیش از این نمی‌توان کرد. لب‌هایش تکان می‌خورند. بدون دقیق شدن به لب‌ها هم می‌توانم بفهمم چه می‌گویند و چه می‌خواهند. هردو مطمئنیم این تکه زهری که توی جیب من است آخرین و بهترین دوا

برای دردهای اوست.

لیلی می‌پرسد: تو خوبی؟
می‌گویم: البته. معلوم است.
: خدا را شکر.
: تو چی؟ مهم تو هستی. حال تو.
: خوبم. خیلی خوب.
صدایش آنقدر خسته و ضعیف است که باید گوشم را به لب‌هـــای او نزدیک‌تر کنم. دلم نمی‌خواهد حرف بزند. دست به موها و به گوشش می‌کشم.
: خسته شدی.
: پدرم درآمد.
: درد داری؟
می‌پرسد: چرا تلفنت را خاموش کرده بودی پس؟
: کی؟
: همین امروز. صبح.
: لابد توی قطار بودم. تماس گرفتی نه؟
: خیال کردم گفتی با اتوبوس می‌آیی.
: با اتوبوس آمدم. توی قطار بودم. چه کار داشتی؟
: بهم آب بده لطفاً.
پارچ روی میـز به اندازه یک لیوان آب داردکه آن را تا آخرین قطـــره به لیلی

می‌خورانم.

می‌پرسم: کار مهم بود که تماس گرفتی؟

: یادم نمی‌آید توی این حال.

: حالت بدست؟

: نه.

: خدا را شکر.

می‌گوید: من شما را خیلی اذیت کردم، نه؟

: کی؟

: دکتر، تو، و پرستارها را می‌گویم؟

: اوه نه عزیزم. دکتر و پرستارها که کارشان همین‌ست. اما من بدبخت معلوم نیست چرا اینجا هستم و اصلاً توی این چند روز دنبال کون بچه‌ی چه کسی ...

می‌روم لیوان را بر میز باز پس می‌گذارم با لبخند: اما اصلاً مهم نیست عزیزم.

: متشکرم از بخشش و از سخاوتت. ولی پدرِ دکتر و پرستارها و خود بیچاره‌ام در آمد. ما همگی زور زدیم و چارچاک خودمان را پاره کردیم که بچه به سلامت بیاید آنوقت چطور شد که این وسط تو اذیت شدی؟

: حالا وقت این حرف‌ها نیست.

سرفه می‌کند. دنبال راهی می‌گردم موضوع را عوض کنم: نمی‌خواستم ناراحتت بکنم. ببخشید. شوخی کردم.

با نگاه خسته بی رمق و نفس‌هایی که انگار دارند تمام می‌شوند نگاهم

می‌کند: در مورد بچه هم خواهش می‌کنم خفه شو و دیگـــر این را تکرار نکن. فکر نمی‌کنی که من تازه زاییده‌ام و با این حرف‌ها دلم می‌شکند و مـی‌خواهم سرت را بکوبم به دیوار؟

: لطفاً بکوب تا بلکه یادم برود کجا هستم و در چه زمانی.

: که غافل بشوی از امروزت. از این روزهای به این مهمی در زندگیِ خالی خودت.

: مهم!

: با زن زائو از این بحث‌ها نمی‌کنند.

: موافقم.

و خودم را برای انجام فرمانِ او آماده نشان می‌دهم: با زن زائو چه کار باید کرد؟

: زن زائو را ناز می‌کنند. به او احتـــرام می‌گذارند تا هرچه زودتـــر به حالت طبیعی برگردد بتواند در آرامش شیر بدهد به نوزاد.

با مهربانی یک دستش را می‌گیرم. رو برمی‌گرداند و خیره می‌شود به در اتاق. منتظر است تا کی بچه‌اش را بیاورند. خم می‌شوم پیشانی‌اش را می‌بوسم. آرام و مهربان نگاهم می‌کند: بدن تو بوی الکل گرفته یا بدن من؟

: بدن هردوی ما شاید.

: شاید بو از این روپوش ست که تو پوشیده‌ای.

تازه متوجه می‌شوم که روپوش آبی بیمارستان را هنوز بر تن دارم. تند و با عجله آنرا بیرون می‌آورم.

: من که مطمئنم تو آدم خوبی هستی.

وقتی لیلی این را به من می‌گوید معنایش این است که مـــی‌خواهد یک تکه ناجوری به من بیندازد. می‌گویم: خوب هستم ولی...

لبخند می‌زند: ولی خب بعضی چیزها را هنوز یاد نگرفته‌ای.

: چه چیزی را باید یاد می‌گرفتم؟

: مهربانی به آدم‌هـــا بخصوص در اوقات حساسی مثل حالا آنهم با آدم‌هایـی که تو را دوست دارند و شاید عاشق تو هم باشند.

: ولی اینقدر چیز سرم مـــی‌شود که بفهمم حـرف زدن برای یک زن زائو خوب نیست آنهم اینجور حرف‌های بی سر و ته بی معنی. تو فقط استراحت کن عزیزم.

گُل زنی سی و چند ساله تنهـــا هم اتاق لیلی است. روی تخت خـود نشسته دارد دو سرِ ملافه‌های پاره شده را به هم گره می‌زند. یکی از پاره ملافه‌ها را هم مثل شال انداخته دور گردن خودش. می‌گوید: الان بچه‌تان را می‌آورند.

لیلی آرام سر می‌چرخاند به گل نگاه می‌کند: الان؟

گل می‌گوید: پسرتان خوشگل ست، نه ؟ حتماً. پدر و مادر که شما باشید.

مـــی‌خندد. دلم نمی‌خواهد او حـــرف بزند. دلـم نمـــی‌خواهد هیچکس حرف بزند. می‌خواهم فقط سکوت باشد. لیلی و من در سکوت به او نگاه می‌کنیم.

گل ادامه می‌دهد: خوش شانسی شما این ست که بچه‌ی اولتان پسر شد.

لیلی در جواب او لبخند می‌زند.

گل می‌گوید: پرستار توی راهـــرو شوهر تو را با شوهر من عوضی گرفته بود با اینکه می‌داند شوهر من کمی چاق است و کمی قد کوتاه. البته شوهـر تو هم به زودی چاق مـــی‌شود چون تو از این به بعد مجبـــوری توی خانه بمانی بچه‌داری بکنی و هـــی غذا بپزی.

و غش غش می‌خندد. من آرام با لیلی حـــرف می‌زنم: من شنیده‌ام این صدایی که شب‌ها از جیرجیرک‌ها می‌شنویم بخاطر این ست که آنها خارهایی روی پاهایشان دارند که مُرتب قد می‌کشند و آنهـــا باید پاها را بهم بمالند و بمالند و آن خارهـــای روییده‌ی روی پاهـــا را بتراشند و مانع بزرگتـــر شدن آن‌ها بشوند. و آن صدایی که به عنوان آواز جیرجیرک‌ها مشهورست و شاعران هم در اشعارشان می‌نویسید صدای چندش آور همین تراشیدن خارهاست.

: واه! این چرندیات چیه از خودت می‌بافی؟

: هر وقت کســـی را می‌بینم که همینطـــور بی خودی حرف می‌زند و وراجـــی می‌کند فکـــر می‌کنم لابد طـــرف برای جلوگیری از رُشد بـــی‌رویه‌ی چیـــز ناخواسته‌ای روی زبانش این کار را می‌کند نه برای برقراری رابطه.

لیلی می‌گوید: نه! اشتباه می‌کنی. بیچاره زن به این خوبی.

: دیروز اینجا نبود.

: توی اتاق دیگر بود. دیشب او را آوردند به این اتاق.

گل می‌گوید: مثلاً همین الآن دقیقاً من می‌فهمم که شوهر تو چه حسی دارد.

می‌خندد و نگاهم می‌کند و بلندتر می‌خندد.

لیلی با خنده از من می‌پرسد: چه حسی داری؟

: هیچ.

لیلی می‌خندد. دست مرا می‌گیرد با مهر می‌فشارد و می‌گذارد روی سینه و با خنده‌ی قشنگش آرام می‌گوید: ماچم کن.

خم می‌شوم باز پیشانی او را ببوسم و او با انگشت اشاره می‌کند به لب‌هایش و من لب‌ها را می‌بوسم.

می‌پرسد: باز مسواک نزده ازخانه زدی بیرون؟

: زدم. نزدم؟

: پس دیشب چقدر عرقخوری کردی که بویش هنوز مانده.

قدم برمی‌دارم خودم را از کنار تختخـواب عقب بکشم اما دستم را می‌گیرد: نه. نرو.

خیره می‌شود به نقطه‌ای بر پیشانی‌ام که اتفاقـاً در همین لحظه سوزشی برآن حس می‌کنم. می‌پرسد: پیشانی‌ات چی شده؟ خورده به کجا؟

: سرم را عقب می‌کشم: نه. پشه نیش زده. توی خواب بودم.

: مطمئنی؟

: بله. فراموشش کن. بی خیال.

: چیزی هم نشده فقط کمی سرخ شده.

صدای خنده‌ی گل بار دیگر اوج می‌گیرد: تو خودت پســرت را دیدی، درست ست؟

: بله.

صدای ناله‌ای از نوزاد گل در قفس و صـــدای خودِ گل: یعنی حالا می‌شناســی

آن پسری را که از شکم خودت درآمده؟

لیلی می‌خندد و سر به تأیید تکان می‌دهد.

گل می‌گوید: خب پس زیاد طول نمی‌کشد تا او را بیاورند.

و رو می‌کند به من می‌پرسد: می‌شود لطفاً لای در اتاق را ببندی؟

به من امکانی داده که عصبانیتم را به او نشـــان بدهم: نه نمی‌شود چون می‌خواهم هوای پاک بیاید توی اتاق.

خودش از تخت پایین می‌پرد ملافـــه‌ی روی نوزادش را جا به جـــا می‌کند و همچنان که حرف مـــی‌زند می‌رود بطـــرف در اتاق: هـــوای پاک از داخل این راهروی نکبتی بیاید توی اتاق؟ اصلاً مگر می‌شود اینجا هوای پاک پیدا کرد؟

: بهرحال بهترست باز باشد.

لیلی صورت خود را از اینطرف بالش به آنطرف می‌برد و به مکالمه میان من و گل می‌خندد. من یک نیمه‌ام آسوده و راحت است چون لیلی آسوده و راحت است و نیمه‌ی دیگـــرم کلاف پیچیـــده‌ای از عصبانیت، چون هیچ کـــاری نمی‌توانم با صدای گوشخراش این زنیکه بکنم. در را می‌بندد. برمـــی‌گردد می‌آید بالای سر لیلی، صورتش را به گوش او نزدیک کرده حرف می‌زند:

همین مدت زمان کوتاه از لحظه‌ای که بچه‌ات را با آنها تنها می‌گذاری و به اتاق خودت می‌آیی تا لحظه‌ای که پرستار بچه‌ات را برایت می‌آورد همین مدت کوتاه خطرناکترین مدت پروژه زایمان در بیمارستان ست. خدا را شکر تو بچه‌ای را که از خودت بیرون آمده همان لحظه دیده‌ای. حالا هم او را می‌شناسی.

می‌دانی که پسرست. باید پسر باشد. اما در مورد من اینطور نبود. من به کلی از هوش رفته بودم نفهمیدم چه شد. وقتی حامله بودم دکتر عکس گـــرفت از شکمم گفت بچه‌ات پسرست. همه چیزش هم مثل پسرها بود. خیلی تکان می‌خورد و مُشت و لگد می‌پراند. من هم در مدت زمان حاملگی همیشه حالت عصبی داشتم. می‌خواستم با مردم دعوا راه بیندازم.

از تخت لیلی فاصله می‌گیرد. فهمیده که لیلی به شنیدن حرف‌های او علاقه دارد و یا تظاهـــر می‌کند که علاقه دارد. ادامه می‌دهد: وقتـــی پسر توی شکم داری اینطـــور هستی. برعکس وقتی دختـــر داری آرامی و همـــه‌اش دلت می‌خواهد دور و برت بگـــو و بخند و شـــادی باشد. در دوره حاملگـــی همین دختر سومم همینطـور بودم اما دوره حاملگی بچه دوم فرق داشت. می‌دانستم که پسر است. شوهرم هم می‌دانست. اما آخرش چه شد ؟ وقتی به هوش آمدم روی تختخوابم مثل همین لحظه‌ی الان خودِ تو یکهو یک خانم پرستار آمد داخلِ اتاق و بچه‌ای را به من داد و گفت قدم دختر خانمت مبارک.

درخشش چشم‌هـــای آشنای کودکی. چهـره‌ای لای مه کم‌کم واضح می‌شود. دختربچه‌ی گمشده هنوز زنده است. افتاده توی چاهی و با چشمان ترسیده‌ی نگران رو به بالا نگـــاه می‌کند. اشک‌هایش همه چیزِ در اطـــراف را خیس کرده. ته مانده‌ی صدای گریه‌هایش در فضای دور و بر هنـــوز هست. سرم معلق شده رو به گودیِ چاه. پدرم در یونیفـــرم ارتشی و سبیل‌های حناییِ بالا تابیده ایستاده بالای چاه، دست به کمـــر زده می‌خندد و مادرم پوشیده لای سیاهی مچاله کُنج دیوار، بی صدا به پهنای صورتش اشک می‌ریزد. می‌خواهم

خودم را بالا بکشم. نمی‌توانم. دیوار چاه صاف و هیچ گودی یا شکافی برای چنگ انداختن بر دیواره و خود را بالا کشیدن نیست. صدای زنگ خنده چندش آور پدر مرا از کابوسم بیرون می‌اندازد. در خواب نبودم در وحشت بودم. دختر بچه لُخت بود. جیغ نمی‌کشید. فقط نگاه می‌کرد با التماس. چشمانم را چند بار باز و بسته می‌کنم و باز نگه می‌دارم. هیچکس در حیاط نیست. از فکر پیدا کردن کبریت قطع امید می‌کنم. جرعه‌ای کنیاک می‌نوشم و به بخش برمی‌گردم.

تقه‌ای به در اتاق می‌خورد. صدای خنده زنی در را باز می‌کند. پرستار خوش اخلاق خوش خنده بچه در بغل وارد می‌شود. بطرف تخت لیلی می‌آید:
من آمدم ماما! بابا!
جا می‌خورم و بی اختیار دست لیلی را رها می‌کنم. پرستار با همان لحن کودکانه ادامه می‌دهد: من بیدارم اما چشم‌هایم بسته. گرسنه‌ام. به من غذا بدهید تا چشم‌هایم را باز بکنم. بخندم.
من خود را کنار می‌کشم و از تختخواب فاصله می‌گیرم چون لیلی می‌خواهد که من کنار بکشم و دور شوم.
می‌گویم: اما این که دارد گریه می‌کند.
کسی صدایم را نشنیده انگار. لیلی بی‌توجه به گریه‌ی بچه با خوشحالی منتشر شده بر پهنای صورتش آغوش خود را باز می‌کند. پرستار نوزاد را درآغوش او می‌گذارد و لیلی آن موجود پیچیده لای ملافه را به خود می‌چسباند.

صدای گریه قطع می‌شود: متشکرم.

پرستار بطرف گل می‌رود: تو در چه حالی خوشگل خانم؟

: چقدر لباس پرستاری به تو می‌آید. مگر نه لیلی؟

لیلی فقط برای اینکه جوابی داده باشد با لبخند سری تکان می‌دهد.

پرستار کشیده و به ناز می‌گوید: متشکرم.

: لباس سفید به پوست تاریک بیشتر می‌آید.

پرستار پیش از بیرون رفتن رو به من می‌کند و می‌گوید: گـریه‌ی نوزاد علامت زنده بودن او است. وقتـی گریه می‌کند مقصودش این ست که بگوید هم زنده هستم و هم گرسنه.

و بلند می‌خندد و می‌رود اما صدای گل او را متوقف می‌کند.

: تو یک مردی را که کت و شلوار تیره پوشیده توی راهرو دیدی. ندیدی؟

: نه ندیدم.

: پس کی بود که گفت دیده؟

: شاید پرستارهای دیگر دیده باشند. من ندیدم.

پرستار با غش غش خنده از اتاق بیرون می‌رود. گل می‌آید به تختخواب لیلی نزدیک می‌شود.

: پسرست، نه؟

لیلی با خنده سر به تأیید تکان می‌دهد اما گل هنوز راضی نشده، کمی این پا و آن پا می‌کند بلکه فـرصتی بیابد تن بچه را تفتیش بدنی کند. ظاهراً لیلی را هم وسوسه کرده از پسر بودن بچه مطمئن شود. لیلی تکانی به خود و به بچه

می‌دهد. خنده از صورتش محو می‌شود. یک دستش می‌خزد داخل قنداق لابلای ملافه و لای تن بچه دنبال چیزی می‌گردد. با کنجکاوی درحالیکه خیره شده به من، پیدا است که مرا نمی‌بیند. دارد به عمقِ یک فضای خالی نگاه می‌کند. خالیِ بدون پایان. یکهو تمام آن خنده‌ای که از صورتش رفته بود به صورتش برمی‌گردد. گل هم خوشحال می‌شود و می‌رود کنار تخت نوزاد خود می‌ایستد. سر نوزاد را نوازش می‌کند. لیلی یک پستان خود را از پیرهن یقه گشادش بیرون کشیده می‌کوشد نوک آن را در دهن بچه فرو کند. بچه هنوز ملتفت ماجرا نیست و نمی‌داند چه باید بکند. لب‌هایش به نوک پستان چسبانده می‌شوند ولی زود می‌لغزند و ول می‌شوند و نوک پستان مالیده می‌شود به دماغش. دست‌های لیلی یکی با پستان ور می‌رود و دیگری درگیر تنظیم کله نوزاد و گیر انداختن آن دکمه قهوه‌ای به درون شکاف لب‌ها است. آن‌ها هی به هم می‌رسند و هی از هم می‌گریزند تا اینکه ناگهان لب‌ها دکمه‌ی قهوه‌ای را می‌چسبند و آن را لای خود می‌گیرند و مرحله مکیدن شروع می‌شود. حرکات دست لیلی آرام می‌گیرند و می‌افتند پشت نوزاد و او را به تن خود بیشتر می‌فشارند. نگاهش که به من می‌افتد لبخند می‌زند. لبخندش اما به شخص یا به چیزی است در عمق فضای دور نامشخص روبرو. کله بچه جلو می‌رود و به عقب برمی‌گردد مثل تلمبه‌ای لرزان اما سفت و محکم دارد آنچه را که می‌خواهد می‌مکد و در خود فرو می‌برد. صدای تلمبه را هم می‌شنوم. نگاه لیلی هنوز مرا نمی‌بیند. هیچ حسی به من در آن نگاه نیست. چیزی درون خود او دارد اتفاق می‌افتد چیزی لذت بُردنی. سعی

می‌کند پلک‌ها را باز کند. پلک‌ها لحظه‌ای باز می‌شوند اما دو مرتبه بر هم می‌افتند و بسته می‌شوند و انگشت‌های دستش آرام بر سر کم موی بچه می‌لغزند. صورت لیلی کم کم می‌رود بالا و بالاتر مثل وقتی که در رختخوابِ عشقبازی است با این فرق که او حالا می‌کوشد صدای بلند لذت خود را خفه یا قورت بدهد و پنهان کند. لابد اگر من آنجا نبودم خودش را رها می‌کرد و می‌گذاشت همان صداها از گلویش بیرون بریزند. دست بچه تکان می‌خورد و می‌افتد روی سینه لیلی. چنگال پنجه‌ی او نرم می‌لرزند مثل پاهای عنکبوتی که می‌خواهد خود را برسطح دیواری گیر بیندازد فرو می‌رود در پستی و بلندی‌های روی پوست سینه، روی همان پُرزهایی که من لب‌هایم را بر آنها مالیده‌ام نرم و با احتیاط. اما حرکات دست نوزاد نرم و با احتیاط نیست بلکه خشن و عصبی است و پُر از حس مالکیت. هیچ کاری هم از من ساخته نیست جز رو برگرداندن با چندش و فکرکردن به آن که این موجود ناشناخته ازکجا و چطور یاد گرفته اینطور بمکد. انگار سال‌ها کارش همین بوده. مکیدن با مهارت و لب‌ها را باز و بسته کردن و بلعیدن آنچه را که مکیده. بر صندلی می‌نشینم. هوس روشن کردن سیگارم را نشخوار می‌کنم. در این لحظه که حس عجیبی در رگ‌هایم منتشر شده، حس حسادت و حس کُشتن رقیب در همین لحظه. می‌دانم اگر سیگاری بکشم به حال عادی برمی‌گردم.

: خب؟

: خب!

: چطورست من بروم توی حیاط کمی هوای تازه بخورم.

: یک سیگار هم بکش.

: اگر آتش پیدا کنم.

: من هم بدم نمی‌آمد توی این حال سیگاری بکشم.

: تو که سیگاری نیستی.

: اما حالا چند تا پُک بد نبود.

مقصود او از حالا، همین حالای بعد ازعشقبازی ست.

برمی‌خیزم از روی صندلی: پس دیگر با من کاری نداری.

: عصبانی هستی؟

: عصبانی؟ نه. نیستم. چرا باشم؟

: چرا باشی؟

: فقط می‌خواهم بدانم کاری هست که بتوانم برایت انجام بدهم؟

: اگر می‌توانی کمی آب برایم بیاور.

: آب!

: چقدر تشنه هستم.

انگـــار نفسِ محبوس مانده‌ای را از سینه‌ی خود رهـــا می‌کند، با دهن باز و درخششِ لذت در چشمانش: آ..ب..

پارچ خالـــی روی کُمد کنار تخت را برمی‌دارم و بیرون می‌روم. باید از مقابل میـــز پرستارها بگذرم و به راهروی بعدی برسم. زنی که دخترش هنوز نزاییده در راهرو قدم می‌زند: نه. هنوز خبری نیست.

و پا به پای من می‌آید: نمی‌خواهم شکم بچه‌ام را پاره کنند. نه نمی‌خواهم.
می‌گویم: اگر این تنها راه ست!
: نه. تنها راه نیست. امروز یکی می‌آید که مشکل مـا را حل کند. زنی که همه چیز سرش می‌شود و تا به حال به صد تا بچه کمک کرده سالـم به دنیا بیایند بدون اینکه شکم مادر پاره شود.
: طرف دکترست؟
از مقابل میز پرستارها می‌گذریم. زن مراقب است کســـی صدایش را نشنود. صورتش را به گوش من نزدیک می‌کند: اما نه مثل این دکترهای هیچی نفهم. می‌خندم. به جعبه آب سرد کن می‌رسیم. لیوانی پُر می‌کنم و به زن می‌دهم. آب را تا ته سر می‌کشد: خدا عمرت بدهد.
تُنگ آب را پُر می‌کنم و با هم برمـــی‌گردیم. لیوان پلاستیکی خالـــی را در مشت می‌فشارد و آن را می‌شکند. باز که به میز پرستارها می‌رسیم او از من جدا می‌شود: باید چیزی از آنها بپرسم.
اما کسی پشت میز نیست. من به راه خـــود ادامه می‌دهم و به اتاق لیلـــی می‌رسم. لیوان شیشه‌ای را پُر از آب می‌کنم و به او مـــی‌دهم. کمکش می‌کنم نیم خیز شده آب را بنوشد. در اتاق نا غافل باز می‌شود. زنی که دخترش هنوز نزاییده سرش را از لای در می‌فرستد داخل. مرا می‌بیند: خدا را شکر تو اینجا هستی. یکهـو غیبت زد توی راهرو من نگران شدم. خیال کردم تو گم شدی. پس اینجا هستی خدا را شکر.
: نه. من گم نشدم. اینجا هستم.

: باشد. من باید بروم.

سرش از لای در بیرون می‌رود و در بسته می‌شود. لیلی هاج و واج به در و به من نگاه می‌کند: چی شد؟ چی بود؟

: بیچاره دخترش هنوز نزاییده.

: با تو چکار داشت؟

: حالش خراب ست.

: می‌دانم. کلی برایم حرف زده. گفته که دختـر و دامادش چقدر سعی و تلاش کرده‌اند برای بچه دار شدن؟

: و حالا که شده‌اند، بچه هه خیال بیرون آمدن ندارد.

: می‌آید.

: خدا می‌داند.

: واه! معلوم ست که می‌آید.

: تو چقدر خوب و سرحال به نظر می‌رسی. خوب و سرحال هستی؟

: خیالت از بابت من راحت باشد. تو برو توی حیاط شاید گل برایت آتشی جور کند.

به تخت گل نگاه می‌کنم. نه او هست و نه بچه‌اش.

: همین الان با بچـــه‌اش رفت بیرون. گفت شنیده که شوهـــرش توی خیابان پشت بیمارستان تصادف کرده رفته زیر یک موتورسیکلت.

می‌گویم: بله و مُرده. خارجی بود.

: خب گل هم خارجی ست.

: می‌دانم.

: اما تو از کجا می‌دانی؟

: از لهجه‌ش.

: تو از کجا می‌دانی که شوهرش رفته زیر موتورسیکلت؟

: من؟ از کجا می‌دانم؟

: از هر کجا. اصلاً به من چه که توی این حال درباره گُل حرف بزنم ؟ حتماً رفته توی حیاط اگر می‌خواهی او را ببینی.

: رفته که گوش آن زن و مرد جوان را به کار بگیرد لابد.

می‌پرسد: کی ؟

: گمانم توی اتاق روبرو هستند. شمـــاره هشت. آن خانم عاقله زن و آن شوهر خیلی جوانش.

: آها.. صوفی و آن آقاهه قادر.

: آقاهه که چه عرض کنم. آقا پسره.

: بچه‌ی آنها هم پسرست.

: از قیافه‌شان پیداست.

: خب البته.

: پسرک خودش بچه ست هنوز.

: برای چه کاری بچه ست هنوز؟

: برای بچه‌دار شدن.

: می‌دانی همان پسر بچه راننده تاکســـی تلفنی ست و پول خوبی مـــی‌سازد؟

خیلی هم شانس بزرگی آورده که این زن به پست او خورده.

: زنیکه بیشتر شانس آورده انگار.

: برو. برو آقای ضد زن. برو سراغ سیگارت. تو حالت خوب نیست.

نوک سینه لیلی توی دهن بچه بی حرکت جا مانده. خوابش برده. چند قطره شیر جا به جا بر سینه لخت لیلی دیده می‌شود:

اتفاقاً پسره خیلی هم باید خوشحال باشد که یک زن تحصیلکرده حاضر شده زن او بشود.

می‌گویم: صورتش که خوشحال نشان می‌دهد.

: تو می‌دانی که همان پسرک هیچکس را در این مملکت ندارد. هیچکس را.

: مثل خود من. نه. گمانم وضع من بدتر باشد چون حدس می‌زنم او لااقل کسانی در ولایت خودش دارد مثل مادر و پنج شش تا خواهر. بله حتماً از من بهترست که نه در این ولایت کسی را دارم و نه در آن ولایت.

: شانس آورده که همان دفعه‌ی اول رابطه‌شان صوفی حامله شده.

: و پسرک برای اولین بار بوده که درعمرش ...

: بر حسب تصادف این یکی را درست گفتی.

: اصلاً زندگی دیگران چه ربطی دارد به من؟

: بله. تو برو سیگارت را بکش. و یادت باشد که تو ذاتت ضد زن‌ست.

: و تو هم بی زحمت یادت باشد که وابستگی زیاد به هر چیزی بدست.

: مثلاً به چی؟

: مثلاً به همین موجود تازه آمده‌ایی که معلوم نیست چه هست.

چند لحظه هر دو در سکوت کامل می‌مانیم. بعد لیلی هراسان می‌شود. نگاهش هُلم می‌دهد: برو. فقط برو.

نگاه ترسیده‌اش می‌گردد در گوشه کناره‌های دیوارهای اتاق و سقف. انگار دنبال دوربین‌های مخفی می‌گردد که کسی در جایی از این اتاق کار گذاشته.

می‌روم.

کسی که بر نیمکت خوابیده هنوز به همان حال است. پتو سر و روی او را پوشانده و معلوم نیست که طرف مرد است یا زن. به من چه که یارو مرد است یا زن. زنده است یا مُرده؟ گل را می‌بینم که از زیر سر در ساختمان بیمارستان ظاهر می‌شود و بطرف تونل می‌رود. به سمت او راه می‌افتم. او بچه در بغل با قدم‌های تندتر از من وارد تونل شده. وقتی من می‌رسم او رفته. هیچکس آنجا نیست. هیچکس و هیچ چیز جز چند تا حجم صف کشیده تاریکی و روشنایی. از حجم تاریکی که قسمت ورودی راهرو یا همان تونل است به حجم روشن که در داخل است می‌رسم. انتهای راهرو پیدا نیست. نوری سُر بی رنگ در هوا معلق است نوری غریب اما جذاب که مرا به جانب خود می‌کشد. رد گل را گُم کرده ام. می‌دانم باید جایی درهمین راهرو باشد اما کجا؟ مردی که کلاه بزرگ جاماییکایی بر سر دارد یک تختخواب چرخدار را هُل می‌دهد و از روبرو می‌آید. روپوش و شلوار خاکستری گشاد پوشیده. اگر او سیگارم را روشن کند دیگر لازم نیست بدوم دنبال گل. بر تختخواب چرخداری که مرد هُل می‌دهد، زیر ملافه سفید، کسی خوابیده که نمی‌دانم مرد است یا زن اما می‌دانم که باید خودم را بکشم عقب و کمرم را

بچسبانم به دیوار و راه را باز کنم بگـــذارم تختخواب رد شود بگذرد. کلاه را از سر برمی‌دارم به احتـــرام مُرده. مُرده؟ یا به احترام مردِ زنده‌ی کلاه به سر وقتی سیگـــار به لب از او مـــی‌پرسم: ببخشید تو چیـــزِ روشن کننده‌ای نداری. داری؟ صدایم مـــی‌خورد به سطح سیمانی دیـــوار و منعکس می‌شود توی سرخودم که از پشت محکم چسبیده‌ام به دیوار و حتمـــاً فقط گوش‌های خودم آن را شنیده چون مـــرد ترانه‌ای را که دارد زیر لب زمزمه مـــی‌کند متوقف نمی‌کند. همچنان مـــی‌خواند. حتی مرا هم نمی‌بیند. می‌رود. انگـــار به او گفته‌اند مرا نشنود و نبیند و یا مـــرا که کلاه در دست ایستاده‌ام ندیده بگیرد. سفیدی از زیر نگاهـــم رد می‌شود. بوی کافـــور می‌زند زیر دماغم. مرد می‌رود و از حجم روشن راهرو می‌رسد به حجم نوری که بر دریچه‌ی خروجی غـــار است و اینقدر روشن که هیچی در آن دیده نمی‌شود. مرد با تختخواب چرخدار خود رفته و در آن چاه مبهم پر از نور ناپدید شده. برای یافتن آتش نباید به پشت سـر برگردم. باید به راهم ادامه بدهم. چند قدم آنطرف‌تر یک راهرو ظاهر می‌شود کوتاه و منتهـــی به یک درِ بسته شیری رنگ. هیچ دری در راهـــرو دیده نمی‌شود که نشانه وجـــود اتاقی باشد. راهـــرو اصلی را ادامه می‌دهم. باز یک راهرو دیگر در همین سمت کوتاه و منتهـــی به یک در بسته که پیدا است مدت هـــا است باز نشده. در راهرو بعدی اما امیدی می‌بینم. در انتهای راهـــرو پیش از در بسته‌ی روبرو، صیقل یک شیشـــه بزرگ در نگاهـــم می‌درخشد. وارد راهرو می‌شوم. یک اتاق کوچک که تمـــام یک ضلع دیوارش از شیشه است. گل بچـــه در بغل در اتاق ایستاده. مـــردی نشسته روی یک

صندلی آهنی پشت یک میز آهنی که هیچ کشـــو ندارد. مرد بلند مـــی‌شود بطرف من می‌آید دستگیره را می‌کشد. شیشه بین من و او دو پاره و از هم باز می‌شود. هُرم گرما از اتـــاق یا از لثه‌هـــای سرخ آن مرد پاشیده می‌شود توی صورتم: چه کمکی می‌توانم بکنم؟

کلاهم را در مُشت می‌فشارم: با این خانم کار داشتم لطفاً.

مرد نگاهی به گل می‌اندازد و در را بیشتـر باز می‌کند تا وارد شوم، در حالیکه نگاهم می‌کند ببیند با گل چکار دارم.

: اِ.. گل! تو اینجایی!

: بله اینجا هستم دارم دنبال او می‌گردم. تو اینجا دنبال کی می‌گردی؟

: من؟ من دارم دنبال کبریت می‌گردم که سیگارم را روشن کنم.

مرد می‌گوید: سیگار بیرون. اینجا قدغن ست.

گل می‌گوید: شوهرم.

برمی‌گردد بطرف مرد و ادامه می‌دهد: این آقـــا شوهر هم اتاق من‌ست. زنش امـــروز زایید. صبح، یک پسر آورد.

از پشت شیشه توی سالن بزرگ خالـــی را می‌شود دید و دیواری پـــوشیده از کشوهای فلزی سُربی رنگ که هنوز نفهمیده ام برای چه هستند.

مرد بر صندلی می‌نشیند: خب؟

گل می‌گوید: اگر بگذاری نگاهی بیندازم به داخل کشوها.

: با دکتر سلیمان حرف زده‌ای؟

گل خوشحال می‌شود: خب پس او امروز سر کارست نه توی مرخصی.

مرد می‌گوید: دارد به اینجا می‌آید.

گل می‌گوید: چه خوب.

و رو به من ادامه می‌دهد: دکتر سلیمان دوست قدیمی‌ست. دوست خانوادگی.

مرد از من می‌پرسد: تو هم با شوهر این خانوم نسبت خانوادگی داری؟

: من؟ نه.

گل می‌گوید: من نگفتم او شوهرم را می‌شناسد. گفتم که دکتر سلیمان او را می‌شناخت و می‌داند که اگر او زنده بود حالا حتماً اینجا بود، پیش زن و بچه اش.

از تماشای داخل سالن سردم می‌شود و یکهو می‌لرزم.

گل می‌گوید: تو حالت خوب ست؟

: بله خوبم. چقدر طول می‌کشد؟

مرد می‌گوید: خودش آمد.

مردی با روپوش خاکستری وارد اتاقک می‌شود و با تعجب به من نگاه می‌کند انگار تنها فرد ناشناس داخل اتاق من هستم و یا تنها منم که می‌دانم عینکش برای او خیلی بزرگ است و صورتش هنوز مو در نیاورده و قرار هم نیست در بیاورد. از دیدن گل در آنجا خوشحال است اما سعی می‌کند خوشحالی خود را پنهان کند با اخم کردن و نشان دادن حالت اعتراض به حضور من و بالاخره هم می‌پرسد: ببخشید شما کی هستی؟

گل تند می‌گوید: دوست من است. چه خوب شد که آمد. چه خوب شد که آمدی سیا. می‌دانی آقای دکتر! او را زنش فرستاده که بیاید اینجا به من

دلداری بدهد. بخصوص اگر من درست شنیده باشم که شوهـــرم توی یکی از این کشوهاست.

دکتر سلیمان می‌پرسد: توی کشو؟

گل اشـــاره می‌کند به داخل سالن: توی یکی از همین کشوها. قبلاً شنیدم که امروز یک مُرده آورده اند. مگر نه؟ مگر تو مُرده را ندیدی که یک مرد خارجی بود؟ دیدی.

مـــردی که لثه‌هایش پیداست و من، هردو با هم حـــرف می‌زنیم و می‌گوییم: من؟ نه. ندیدم.

مردی که لثه‌هایش پیداست ادامه مـــی‌دهد: شاید جانی او را دیده اما حالا که اینجا نیست. یکی را بُرده به آزمایشگاه.

من می‌گویم: من هم باید بروم.

: آزمایشگاه؟

دکتر سلیمان می‌گوید: کلیدهای اضافی را بیاور.

: ببخشید؟

معلوم نیست مخاطب دکتر سلیمان آن مرد لثه‌ای است یا من. مرد و من به او نگاه می‌کنیم و به خودمان نگاه می‌کنیم.

: خب پس.

مرد این بار مکث نمی‌کند، مـــی‌رود و اتاق چند ثانیه بدون او در سکوت کامل مـــی‌ماند تا وقتی بچه‌ی گل وق می‌زند و گل خیلـــی زود با تکان دست‌هایش

روی کمر بچه و چیزی زیر گوش او زمزمه کردن او را باز ساکت می‌کند: تا چند لحظه دیگر می‌خوابد.

دکتر سلیمان می‌گوید: چشم‌هایش بازند.

: با چشم‌های باز می‌خوابد. می‌خوابد.

: و دهنش.

: از بس که چشم‌هایش خوشگل ست. می‌بینی؟ و لب‌هایش.

: چقدر شبیه خود توست.

گل می‌گوید: خدا نکند مثل من باشد. من زشتم.

دکتر سلیمان می‌گوید: بی خود وقت خودت را تلف نکن گل.

: یک نگاه تند و سریع توی کشو مُرده‌ها نباید زیاد وقت گیر باشد. مسئولیتی هم برای تو ندارد می‌دانم. من هم فقط می‌خواهم بدانم که او، پدر بچه‌های من، زنده‌ست یا مُرده. همین.

: اینهمه بیمارستان توی این شهر هست. چرا باید او را بیاورند اینجا؟

گل با التماس می‌گوید: آخر وقتی همین جا پشت همین بیمارستان موتورسیکلت زده او را کشته، چه دلیلی دارد او را ببرند به یک جای دیگر؟

تا مدتی به مهربانی خیره می‌شود به چشمان دکتر سلیمان. انگار برای مدت طولانی است که همدیگر را می‌شناسند. حرکات دست دکتر تند و با عجله می‌شود. یک بار دستش می‌رود بالا که موهای خود را لمس کند اما نمی‌کند و برمی‌گردد و عینکش را جابجا می‌کند. دست دیگر می‌رود که زیر بغل را بخاراند اما ناگهان آن یکی دست می‌آید تا به زیر بغل سمت دیگر

انگشتی بکشد و سرانجام این حرکات که نشانه فکر کردن اوست و در نگاه من نمایشی، تمام می‌شود با گفتن: باشد.

خنده‌ای بی صدا از زیر پوست گل می‌زند بیرون. با خوشحالی بچه را به خود می‌فشارد و می‌بوسد. انگار بهترین خبر دنیا را شنیده.

نگاه دکتر سلیمان به بچه است که ناگهان می‌گوید: اما... نه.

گل مثل مجسمه ثابت می‌ماند: چی شد؟

: چون‌که بچه داری نمی‌توانم بگذارم با بچه وارد سالن بشوی خیلی معذرت می‌خواهم گل نمی‌شود. اگر کسی بیاید ببیند...

گل حرف او را قطع می‌کند: باشد.

و بسته‌ی بچه را بطرف من هُل می‌دهد. تنِ من بی اختیار از آن بسته می‌گریزد و فاصله می‌گیرد. می‌خواهم فرارکنم که یکهو حس می‌کنم پای گل می‌لغزد یا لغزیده و او دارد سقوط می‌کند می‌افتد روی من. زمان زیادی برای فکر کردن و تصمیم گرفتن ندارم و چاره‌ای هم نیست غیر از انتخاب همین تصمیمی که خودش را به من تحمیل کرده. باید این پیچانه را که بچه‌ی گل در آن پیچیده شده از گل بقاپم و از سقوط او جلوگیری کنم. از سقوط کدامشان؟ مهم نیست. مهم این هست که بچه حالا در دست‌های من است. حالا فکر می‌کنم ماموریتم در حفظ و نگهداری آن پیچانه تمام شده. آنرا به گل بازپس می‌دهم: بفرما اینهم بچه‌ات. داشت می‌افتاد.

گل بچه را از من پس نمی‌گیرد: داشتم خواهش می‌کردم که چند دقیقه برام نگهش داری لطفاً. نگو باید بروی و از این حرف‌ها. خواهش می‌کنم. من به

این کمک تو شدیداً نیاز دارم. بالاخره ما همسایه هستیم. قـــول می‌دهم زیاد طول نکشد. خیلی کم. سه دقیقه حداکثر.

صندلی را می‌آورد نزدیک پاهـای من طوری قـــرار می‌دهد که در همـــان جا که ایستاده‌ام بتوانم راحت بنشینم روی آن. بعد مثلاً برای خنداندن من یک چرت و پرتی هم می‌گوید: می‌دانی چـرا همه چیز این اتاق آهنی ست؟ بخاطر رئیس این مجموعه. با اینکه قد کوتاه اما خیلی قوی است. خیلی. می‌خواهد تا آخر عمـــر قوی بماند. مجرد و قوی.

فقط خـــودش می‌خندد و به غش و ریسه رفتن هم تظاهـــر می‌کند اما چون واکنشی از ما نمی‌بیند آرام می‌شود و کمی با بازوهـای دکتر ور می‌رود و کف دستش را از روی لباس او می‌کشد به سینه‌اش. منتظرم ببینم که دکتر خود را پس می‌کشد اما دکتـــر خود را پس نمی‌کشد و حتی به نظر می‌آید دلش می‌خواهد خود را بسپارد و بیشتر لم بدهد امـــا وقت رفتن است. اول دکتر سلیمان و به دنبال او گل از اتـاق بیرون می‌روند. من بچه در آغوش ایستاده‌ام منتظر تا آنها را ببینم پشت دیوار شیشه‌ای توی سالن که کشوهـــا را یک به یک تفتیش می‌کنند و دنبال جسد پدر بچه‌ای می‌گردند که در آغـــوش من است. در وضعیت عجیبی هستم. موجودی را در بغل دارم که در یک موقعیت دهشتناک است و خـــودش نمی‌داند. من بچه‌ی یک مـــرد مُرده را در بغل گرفته ام درحالیکه بچه خودِ من در یکی از اتاق‌های همین بیمارستان دور از آغوش من است، زنده. بچه‌ی گل برای در آغوش گرفتن بد قلق است. هی لیز می‌خورد و مثل ماهی می‌خواهد بپرد بیرون. دکتـــر سلیمان و گل وارد میدان

نگاهم می‌شوند. دکتـر یکراست می‌رود بطرف کشوها. گل برمی‌گردد رو به دیوار شیشـه‌ای و مقابل من مـی‌ایستد. فکر می‌کنم می‌خواهد باز نگاهی به بچه‌اش و اجبـاراً به من هم بیاندازد. جلوتـر می‌آید اما انگـار بیش ا زاینکه دیدن بچه و من برای او اهمیت داشته باشد دیدن وضعیت موهـای خودش در آینه مهم است چون تازه کشف کرده‌ام که دیـوار بین اتاق ما و سالن از اینجا شیشه است ولی از داخلِ سالن یک آینه تمـام قد است و ما مـی‌توانیم آنها را ببینیم اما آنهـا ما را نه، بلکه فقط خودشان را می‌بینند. بر صندلی می‌نشینم. کیفم ول می‌شود روی سیمان کف اتاق. صدای بطـری فلزی‌ام را می‌شنوم. پنجه دست‌های گل موهـا را مرتب کرده اند. پس از چند مـرتبه آن دسته مویِ روی پیشانی را عقب زدن و باز جلو کشیدن، تصمیم مـی‌گیرد که دسته مو روی پیشانی بماند با چرخشی رو به بالا. لب ها را می‌مکد گاز می‌گیرد و می‌مکد تا رنگ و روی تازه بگیرند. دکتر کنار ردیف کشوها ایستاده و او را نگـاه می‌کند و هی نگاه می‌اندازد به ساعتش. گل انگشت‌هـا را با آب دهن خیس می‌کند می‌کشد به ابروها. بعد دوباره قد راست می‌کند نگاهـی به سرتا پای خود می‌اندازد و درحالیکه مایل نیست از آینه کنده شود از آینه کنده می‌شود می‌رود بطـرف دکتر. دکتر چیزی به او می‌گوید و اولین کشـو را بیرون می‌کشد. گل به داخل کشـو نگاه می‌کند و پس می‌کشد. دکتر در کشو را می‌بندد و می‌رود سـراغ بعدی. گل چیزی را که می‌خواهد در دومی هم نمی‌یابد، و کشـو سومی و بعدی. بچه در آغـوش من می‌جُنبد. بطری مشروبم را در مـی‌آورم یک جرعه خودم می‌نوشم و می‌خواهم یک جـرعه هم

به بچه بدهم. سر بطـری را می‌گیرم زیر دماغ او که بیدار است. مردمک‌هایش چرخیده به پایین تا حرکت بطــری را ببیند. یک جرعه دیگــر سر می‌کشم تا بلکه این وضعیت احمقانه خودم در اینجا را برایم قابل تحمـل کند. شاید. دکتر و گل دور شده‌اند. فقط چند تا کشو دیگــر مانده. گل شانه‌های خود را محکم در بغل گرفته از کشویــی به کشویی می‌رود و سر به داخل کشوها فرو می‌کند. باز می‌روند. این بار از میدان نگاه من بیرون رفته‌اند. از سوی دیگر سالن پدرم ظاهر می‌شود در یونیفــرم ارتشــی مستقیم رو به جلو راه می‌رود و صورتش برگشته بطرف من با چشمان درشت وق زده نگاهم می‌کند و راه می‌رود. از من سان می‌بیند یا ازخودش. ترس به تمام جانم تنیده شاید دارم از شدت وحشت مـی‌لرزم که دکتر و گل به اتاق برمی‌گردند. گل بچه را از من پس می‌گیرد: بیدار نشد؟ گریه نکرد؟ اذیت کرد؟

او را می‌بوسد: عزیزم.

آنقــدر حرف زده که من اجــازه نیافته‌ام جوابی بدهم. او هم دنبال جواب من نیست: نبود. نیست.

دکتر می‌گوید: تو باید استراحت کنی گل. نباید راه بیفتی اینور و آنور. روی پله‌ها پائین و بالا شدن برایت بد ست. تو را بی‌دلیل برای هیچ خسته می‌کند.

: ولی دیگر تمام شد. باید یک فکر تازه بکنم.

: بله گل خواهش می‌کنم فکرهای تازه بکن. فکرهای تازه خوب.

: برای خودم می‌دانم چه خوب ست اما برای این بچه!

دکتر به مهربانی دست بر شانه او مــی‌گذارد: من خودم بعد از ظهر می‌آیم.

آن چیزی هم که دوست داری می‌آورم. با دکترت هم حرف می‌زنم اگر باشد.

گل نگاهی به دکتر می‌اندازد و پوزخند می‌زند: باشد. بیا. تو هم بیا.
تند از اتاق بیرون می‌دود بچـــه در بغل. من هم بدون خداحافظی با دکتر، به دنبال او می‌روم. توی راهـــرو گل از من جلوتـــر می‌رود. وقت حرف زدن هم به عقب سر برنمی‌گرداند: دیدی که نبود. پس یعنی تو اشتباه می‌کنی و او زنده ست.
: ببخشید. من گفتم که مُرده؟ من نگفتم.
: نه نیست.
می‌گویم: و در ضمن این هم تنها بیمارستان شهر نیست.
: نه نیست.
گل مطمئن پیش می‌رود. من با تحمل سنگینی نور برشانه‌هـایم از غار مُرده‌ها بیرون می‌خزم. دوتایی سُرمـی‌خوریم به حیاط زنده‌ها که هنوز زنده‌ای در آن موجود نیست. هرچه زودتر باید به اتاق لیلی برگردم. با دهن باز باز چند تا نفس عمیق می‌کشم تا هر چه سُرب نور در دهـان و در ریه‌ام هست بیرون بریزد: پس چـرا هیچکس در این حیاط نکبتی نیست؟
می‌گوید: اما یک وقتی اینجا پُر بود از آدم.
: لابد زندانی‌هایی که برای هواخوری بیرون می‌آمدند.
می‌گوید: ما باید بنشینیم.
: ما ؟

: من و بچه.

: فکر خوبی ست.

او بر نیمکت می‌نشیند و نگـاه من دنبال مـــرد جامائیکایی می‌گردد: اصلاً یارو به کلی ناپدید شد. انگار آب شد رفت توی زمین با آن کلاه بزرگش.

: کی. جانـــی؟ همیشه همینطورست. مثل یک سایه می‌آید و یکهـــو ناپدید می‌شود. قبلاً نظافتچی بخش روانی بود که همین محل زایشگاه امـــروزست. این قلاب‌هـــای توی سقف توالت زنانه هم از همان موقع اینجا مانده‌اند و گرنه این قلاب‌هـــا که به درد زایشگاه نمی‌خورند.

چیزی مثل کلاه جانی زیر سر در ساختمـــان پدیدار می‌شود. خیز برمی‌دارم چند قدم مـــی‌دوم. آن چیزی که شبیه به کلاه بر من ظاهر شده بود ناپدید می‌شود. می‌ایستم تا شاید دوباره پدیدار شود. نمی‌شود. نه. کلاه نبود. یک چیز دیگر بود. برمی‌گردم: تو چی گفتی ؟

گل با خودش حرف می‌زند: توالت زنانه.

: شرجی!

: اگرمطمئن بودم آن‌که توی کوچه پشتی رفت زیر موتورسیکلت و مُـرد خود او بود باز بهتـــر بود. خیالم راحت‌تر بود. حالا می‌توانستم یک کار دیگر بکنم. می‌دانستم به بچه ها چه بگویم. اما حالا!

در دهنه تونل رو به سردخانه، دکتر سلیمـــان مثل یک جانور خاکستری می‌خزد بیرون و همانجا می‌ایستد و ما را تماشا می‌کند.

می‌گویم: دکتر مُرده ها هم رسید. عاشق تو شده انگار.

: عاشق من هست.

: چه بهتر. پس من می‌روم و شما را تنها می‌گذارم.

این بار از راه پله اضطراری نمی‌روم. از در شیشه‌ای پهن ساختمان که توی حیاط باز و بسته می‌شود وارد می‌شوم. به قصد آن که سر به سر کارکنان بیمارستان بگذارم توی راهرو و راه پله سیگار خاموشم را متظاهرانه بر لب می‌گذارم و به نگاه‌های متظاهرانه دکترهای جوان که انگار ماری روی لب‌های من دیده‌اند و با همان حالت عقب می‌کشند می‌خندم.

لیلی می‌گوید: هنوز که سیگارت خاموش مانده روی لبت؟

: آتش پیدا نکردم. نیست.

: پس کجا بودی چه می‌کردی این همه مدت؟

: دنبال کون خانم هم اتاق تو راه افتاده بودم. البته خریت از خودم بود. از سردخانه مُرده‌ها سر در آوردیم اما از کبریت اثری نیافتیم.

لیلی می‌خندد: آها. انگار گفت که رئیس سردخانه هم عاشق اوست.

: قول می‌دهم رئیس دیوانه خانه هم عاشق اوست.

: منظورت این ست که گل دیوانه ست؟

: طبق این نظریه که همه‌ی ما دیوانه هستیم ولی با درجات مختلف، درجه دیوانگی این زنیکه کمی بالاترست. خیلی بالاتر.

می‌پرسد: چون زن‌ست این حرف را می‌زنی؟

دست او را می‌گیرم و می‌خواهم آن را بیاورم بالا ببوسم اما بعد خودم خم می‌شوم به سوی دست او و می‌بوسمش. پنجه‌های دست دیگر او بر سرم و

لای موهایم می‌لغزند: بهرحال چه عاقل باشد چه دیوانه من با او همدردی می‌کنم چون یک مادرست.

: پس لطفاً بی زحمت با من هم همدردی بکن چون من هم یک پدرم.

سرم را بالا می‌آورم. او منتظر است من ادامه بدهم. می‌گویم: ما که فعلاً قصد نداریم برویم خانه. داریم؟

می‌پرسد: امروز؟

: پس کی؟

: کمک کن از تخت بیایم پایین. باز باید بروم دستشویی.

: چه ملالی!

: دستت را بینداز زیر بغلم. محکم بگیر.

هوا آنقدر یکنواخت و بدون تغییر است که نمی‌توان فهمید چه وقت از روز هست. یک صبح زود دم کرده و یا غروبی خیس. اما روز هنوز در نیمه است. لای پره‌های پرده کرکره را باز می‌کنم. انگار مدت زیادی باران باریده و حالا بند آمده و از آن فقط خیسی دنیا مانده. در آن پایین زنی که تمام سرش توی مقنعه سیاه است به سمت کنج حیاط می‌دود. بعد می‌ایستد و به ردیف درخت‌ها نگاه می‌کند. دارد کسی را که در همان اطراف است صدا می‌کند. کسی که باید در میدان دید من باشد اما من نمی‌توانم او را ببینم. زن هراسان می‌دود و می‌گردد دنبال کسی یا چیزی به هر طرف و انگار چیزی یا کسی پنهان شده پشت درخت‌ها نظر او را جلب می‌کند.

می‌دود سوی درخت‌ها. شعله آتشی از پشت درختی نمایان و باز ناپدید می‌شود.

زن خیز برمی‌دارد بطرف همـــان درخت و شعله را از پشت آن بیـرون می‌کشد. یک پسر بچه در آتش. زن تقلا برای خاموش کردن بچه می‌کند. جیغ نمی‌کشد و از کسی کمک نمی‌طلبد. بچه یک گلـوله آتش است. زن بلوز یا ژاکت بچه را از تن او بالا کشیده در می‌آورد. بالا تنه پسـرک لخت می‌شود. بی هیچ تکانی ایستاده مثل یک کنجشک از آب بیرون کشیده مـــی‌لرزد. زن لباسی را که هنـــوز دارد می‌سوزد می‌اندازد روی زمین و با ضربه‌هـای کف پا بالاخره موفق می‌شود آتش افتاده روی چمن را خاموش کند. بعد بچه را در بغل گرفته بلند مـــی‌کند و به همان سمتی می‌دود که آمده. پاهای پسر بچه روی زمین کشیده مـی‌شوند و می‌روند. تکه پارچه سیاه سوخته که خیس هم شده هنوز روی چمن مانده. آدمیزادی در اطراف دیده نمی‌شود و هیچ شاخ و برگی از هیچ درختی تکان نمی‌خورد. همه چیز ساکن است و ساکت.

: اصلاً تو بجای اینجا ایستادن و صادرکردن یک مُشت پرت و پلا توی این روز حساس، چرا نمی‌روی بیرون توی خیابان سیگارت را با خیال راحت بکشی؟

: چه فکر خوبی. همین کار را می‌کنم.

: پس برو.

: اصلاً فرصت برای این کار داریم؟

: تا دلت بخواهد فرصت داریم و وقت فراوان.

: داری مرا از اتاق دک می‌کنی؟

: چه موجود بدبین شکاکی هستی تو. وای خدا!

: ببخشید. خیلی خب. پس ظاهراً آنقدر فرصت داریم که من بروم توی خیابان یک بقالی پیدا کنم یک کبریت بخرم و بروم بنشینم روی نیمکت پیاده‌رو سیگارم را بکشم و برگردم بعد هرکاری را بکنم که تو بگویی.

: یک فندک برای خودت بخر.

: کی؟

: همین حالا. از همان بقالی. بجای گفتن کبریت بگو فندک.

: باشد.

: پیش از رفتن سُراغی هم از بچه بگیر.

سرمی‌کشم توی تختخواب بچه. صورت گرد و دماغ پهن بزرگ دارد. همان مشخصات صورت خودم. حتی چشم‌هایش. زیر لب به التماس می‌نالم: یا ضامن آهو.

وحشت کرده‌ام. می‌خواهم پس بکشم. اما شکل و قیافه بچه‌ها هی تغییر می‌کند. صد جور شکل عوض می‌کنند. معلوم نیست که او هم همینطور صورت گرد و دماغ گنده باقی بماند. نمی‌ماند.

با صدای بلند می‌گویم: بله. چرا. حالش خوب است. خوابیده.

می‌گوید: از همین حالا پیداست که بچه‌ی آرامی است.

می‌پرسم: از حالا تا کی؟

: می‌توانی او را ببوسی اگر می‌خواهی.

: آها. بله. چرا که نه.

صورتم را به صـــورت او نزدیک می‌کنم. بوی شیر. لب‌هـایم را بر آن پوست نازک تُرد مـی‌گذارم. بوی گُه می‌زند زیر دماغم. این باردیگر نمی‌توانم خودم را پس نکشم.

: نمی‌خواهم بیدارش کنم. بگذار همینطورکه خوابیده، باشد.

: چرا قیافه‌ات اینجور رفته توی هم؟

عضلات صورتم را به تندی از هم باز می‌کنم: در خواب خوش است.

: شیر خورده. تا وقتی سیر است بیدار نمی‌شود.

: پس خدا را شکر.

: که خوابیده؟

: که سیرست.

سکوتی طولانی بین ما. کف پاهـای من به زمین چسبیده اند. نمـــی‌توانم قدم بردارم. صورت لیلی هی عوض می‌شود. این عوض شدن‌هــا دست خود اوست. حالت‌های متفاوت به خود می‌گیرد و بالاخـره آن صورتی را برای خود انتخاب می‌کند که گریان است.

: اینقدر شیرین است که سریع به او عادت می‌کنی. و وقتی عادت کردی عاشقش می‌شوی.

دنبال چیزی می‌گردد که اشک‌هایش را با آن پاک کند.

می‌گویم: خب. عادت کردن هم یک عمل زیاد پسندیده‌ای نیست.

: این چیزها که تو می‌گویی توی َهیچ کتابـــی نوشته نشده. همــه را از خودت در می‌آوری. اما من از واقعیت حرف می‌زنم. از همین جوانی که اسمش قادر

است حرف می‌زنم که به زودی به این زندگی با بچه عادت می‌کند و عاشق او می‌شود. آنوقت چه لذتی می‌برد. لذتی که هیچکس نمی‌تواند بفهمد جز خود او و پدرانی مثل او.

: آن که من دیدم از همین حالا لذت بردنش را شروع کرده.

: خب. می‌بینی؟

: اما این لذت بردن تا کی ادامه خواهد داشت؟

: تا آخر عمر.

: خدا کند.

: من نمی‌دانم تو چطور به خودت حق می‌دهی درباره زندگی مردم اینطور نظر بدهی.

: من هم نمی‌دانم تو چرا بجای این حرف‌ها استراحت نمی‌کنی.

: چطور استراحت کنم؟

: با سکوت. باور کن سکوت بهترین استراحت‌ست برای بدن.

سرش را تکان تکان می‌دهد: اینطور قاطعانه نظر دادن وحشتناک ست.

: قاطعانه نیست عزیزم. اینها فقط یک مُشت حدس و گمان ست.

: حتی درباره آینده زندگی مردم؟

: تو سئوال کردی و من نظرم را گفتم.

: همه‌ی مردها که مثل همدیگر نیستند.

: نیستند.

: پس مزخرف گویی بس‌ست دیگر.

: ببخشید.

: اصلاً مردم خیلی با هم فرق دارند. تو هنوز این را باور نکرده‌ای.

: اما بوی غذا در همه‌ی بیمارستان‌های دنیا همیشه یکجور است.

مشتاقانه می‌پرسد: مگر وقت ناهار شده؟

: بخاطر بوی کافور که در آن می‌ریزند.

می‌خندم. دارم مست مـی‌شوم یا هنوز ادای مستی را درمـــی‌آورم. لیلی باز می‌خواهد گریه کند. اشاره می‌کند به دستمال کاغذی روی میــز. جعبه را برمی‌دارم و جلوی او می‌گیرم. دستمالی بیرون می‌کشد و اشک هنوز بیرون نیامده خود را خشک می‌کند و با صدای خفه می‌پرسد: چی؟

: بچه که بودم خیال مـی‌کردم کافور را فقط به مُـرده‌ها می‌زنند تا بوی خوش بگیرند. توی دوره سربازی و دوره زندان فهمیدم که استفاده‌هــای دیگــر هم دارد امــا حالا استفاده‌اش در غذای بیمارستان را نمی‌فهمم.

لیلی هم می‌خواهد گریه کند و هم به شنیدن ادامه حرف‌های من علاقمند است.

مـــی‌گویم: توی غذای سربازخانه و غذای زندان، خاصیت کافــور این‌ست که تمایل جنسی افــراد را کم می‌کند و بعد از مدتی که به نوش جانت خوراندند اصلاً یادت می‌رود که تمایل جنسی چه بود و چه هست. هیچ.

: آخر یک زن زائو تمایل جنسی‌اش کجا بوده مرد؟

: اتفاقاً زن زائو خیلی هم تمایل جنسی دارد ولی این تمایل را.

مکث می‌کنم. خیره است به من. ادامه مـــی‌دهم: خب احتمالاً هــی با نوزاد ور

می‌رود و این تمایل خودش را آنطوری در می‌کند.

عصبانی می‌شود: تو اصلاً داشتی می‌رفتی بیرون. پس برو.

: بله. داشتم می‌رفتم.

: برو.

چرخی به دور خود می‌زنم و دنبال هیچ می‌گردم. کیف و کلاهم را پیدا می‌کنم

: نه. می‌ایستم تا غذای تو برسد.

: خیلی‌هـــا آرزوی رسیدن به همین لحظـــه را دارند. پول می‌ریزند و دوندگی می‌کنند از این دکتـــر به آن یکی فقط برای اینکه چنین نعمتـــی نصیبشان بشود.

می‌گویم: بله درست ست.

: آن یارو دوست خودت یادت نیست. دیدی که خودش اعتراف کرد اول بچـــه نمی‌خواسته اما بعد که بچه به دنیا آمده عاشق او شده. یک عاشق واقعی.

: مادرم می‌گفت قمارباز اگر بعد از باخت نگوید به تخمم! دق می‌کند پس می‌افتد.

: بیچاره او چه عذابی کشیده!

: مادرم همسر یک سرکار استوار ارتش بود.

: چه اشکال دارد؟. شخصیت آدم‌ها مهم ست نه شغل‌شان.

: همسرِ مادرم هم شغل احمقانه‌ای داشت و شخصیتی منفور.

: داری به پدر خودت فحش می‌دهی؟

: فحش نمی‌دهم، فقط مشخصات برجسته او را یادآوری می‌کنم.

: چه موجود وحشتناکی هستی تو.

از کجا فهمیدم که پدر هم همین را مـــی‌خواهد، این زهر را؟ فهمیدم. چشم‌هـــایش، همین چشم‌های بی رمق او به من گفته‌اند. ترس در من جان مـــی‌گیرد. شاید فقط دلهره‌ای عادی است. به ســراغ درِ اتاق می‌روم و آن را باز مـــی‌کنم و نگاهی می‌اندازم به راهرو. هنوز دو تا برانکارد دیگر در راهرو هست. سربازهای زخمی بر آنهـــا دراز کشیده اند. ساعتی پیش که به راهرو نگاه کردم سه تا بودند. یکی از آنهـــا تمام مدت دیشب و امروز از شدت درد فریاد کشید. یکی‌شان هم فقط گفت آب. حالا اما راهـــرو ساکت است. صدای فـــریاد از هیچ سربازی شنیده نمی‌شود. از هیچکس هیچ صـــدایی شنیده نمی‌شود. انگـــار همه مُرده‌اند. برمی‌گردم توی اتاق و در را مـــی‌بندم. وسوسه مـــی‌شوم در را از داخل قفل بکنم امـــا اگر دکتری پرستاری بیاید و بپرسد من جوابی برایش نخواهم داشت. در را قفل نمـــی‌کنم و فقط از بسته بودنش مطمئن می‌شوم. نگاه پدر هنوز دنبال من می‌گردد. وقتـــی مرا می‌بیند لبخند مـــی‌زند یک لبخند ماسیده و بی روح که مـــی‌شود التماس را در آن تشخیص داد انگـــار می‌گوید بده پس! ماده قهـــوه‌ای را تند و ترسیده از جیب در آورده از لای پلاستیک بیرون می‌آورم و با همـــان ترس خیره به لب‌های او به سوی تختخواب مـــی‌روم. چشمانش را می‌بندد. لب‌هایش آرام به کمک انگشتـــان دست من از هم باز می‌شوند. بین لب‌هـــا یک حفره درست شده و من تند

ماده را فرو می‌کنم داخل حفره. دو تا انگشتم می‌غلتند داخل و خیس می‌شوند از آب دهن او. هیچ واکنشی در صورت پدر ظاهر نمی‌شود. نگاه دیگری با اضطراب به جانب در می‌اندازم و با عجله از پارچ روی کمد آب می‌ریزم توی لیوان پلاستیکی و با زحمت به پدر می‌خورانم. باز به او آب می‌دهم تا اینکه بالاخره از حالت چهره‌اش می‌فهمم ماده را قورت داده و خیال هر دو تای ما را راحت کرده. با حوله‌ای خیسی اطراف گردن و روی سینه‌اش را خشک می‌کنم. او دیگر هیچ کاری ندارد بکند غیر از دراز کشیدن در انتظار. دکتر و پرستارهای بخش هم منتظر همین هستند. تعداد جوانان زخمی هر روز بیشتر می‌شود. بیمارستان در کمبود تختخواب و هرگونه مراقبت‌های پزشکی دیگر است و شرایط به‌گونه‌ای است که مرگ یک استوار پیر ارتش نظام شاهنشاهی نه تنها خبر بدی برای کارکنان بیمارستان نیست بلکه با خرسندی آنان نیز همراه خواهد بود و همین شرایط است که مرا مطمئن کرده کسی به چگونگی مرگ پدر توجه نخواهد کرد و اگر هم بکند اهمیت نخواهد داد. مهم آن است که پدر یک بلیط یکطرفه به مقصد آزادی در جیب خود دارد. تازه اگر هم در این باره پرسشی پیش بیاید من از کجا بدانم کار چه کسی بوده. ده‌ها آدم جور به جور برای دیدار پدر به اینجا می‌آیند. بر اعصابم مسلط می‌شوم. صندلی کنار تختخواب او می‌گذارم و می‌نشینم. روبروی ماه هستم. یک سینی گرد روشن که انعکاس روشنایی خورشید است. فکر کردن به خورشید تنم را گرم می‌کند. پدر با نگاه روشن و لب‌های خندان به من خیره شده. منتظرم پلک‌هایش کم کم سنگین بشوند و

روی هم بیفتند اما هرچه می‌مانم حالت چهره او عوض نمی‌شود و هرچه زُل می‌زنم به چشم‌ها، سنگین نمی‌شوند و رویهم نمی‌افتند. یکجور خوشحالی ماسیده روی پوست صورت او ثابت مانده. مقاومتم در برابر نگاه وق زده‌ی پدر تمام می‌شود. سر بر لبه تختخواب می‌گذارم. خسته هستم مثل کسی که کار روزانه را تمام کرده. در خواب و بیداری. دستی مهربان بر سرم می‌نشیند. انگشتها آرام لای موهایم می‌گردند. هر لحظه ممکن است این انگشتها لای موهایم برای همیشه متوقف شوند. اول باید منتظر آرام‌تر شدن جنبش آنها باشم. اما جنبش آنها بیشتر می‌شود. انگشت‌هایی ظریف و نرم و داغ.

صدای لیلی می‌پرسد: بیداری؟

سینی چرخدار غذا به داخل هل داده می‌شود. پرستار خندان حال بچه را می‌پرسد. کاغذ پای تخت لیلی را می‌خواند و سینی غذای او را بر میز کوچک متحرک می‌گذارد. باید میز را بکشم بطرف سینه لیلی. پرستار غذای گل را هم بر میز جلوی تخت او می‌گذارد: کجاست؟ تو می‌دانی؟

لیلی می‌گوید: باید همین دور و برها باشد.

پرستار لبخندی به روی بچه‌ی ما می‌زند و بیرون می‌رود. لیوان آب را پر می‌کنم و در سینی لیلی می‌گذارم: چیزی کم و کسر نداری؟

خودش را صاف و صوف کرده جلوی سینی آماده خوردن می‌شود. هیچوقت ندیده بودم لیلی اینجور با اشتها به غذا نگاه کند: تو هم بیا چند لقمه بخور. صبحانه هم که نخورده‌ای.

: میل ندارم.

: غذایش سالم ست اگرچه قیافه خوبی ندارد.

: من باید بروم بیرون و تو هم باید غذایت را بخوری تا ته‌اش را.

دستی به سر او می‌کشم. طوری نگاهم می‌کند انگـــار گفته ام دوستت دارم. دوستش دارم. می‌توانم دوستش داشته باشم اگر اینهمه بوهای عجیب نمی‌داد و اگر این موجود عجیب را اینطور نمی‌گرفت در بغل بفشارد و اگـــر باز شدن آلت او را ندیده بودم و اگر بیرون آمدن یک جانور ناشناس از سوراخ تن او را.

: پس لطفاً توی خیابان که هستی روی نیمکت درحال سیگار کشیدن بیشتر فکر کن.

: به چی؟

: به این که چطور می‌توانی این افکار مالیخولیایی را از سر خودت بیرون کنی.

: باشد!

: شاید لازم‌ست یک روانشناس ببینی.

: اصولاً امروز روز مناسبی برای مکالمه درباره مسایل جدی نیست.

او می‌خورد و من حـــرف می‌زنم: امـــروز سیزدهم ماه‌ست. من خیال می‌کردم عدد سیزده فقط برای ما ایرانیها عدد نحس است اما حالا فهمیده‌ام برای همه مردم دنیا همینطورست. من در روز سیزدهم به دنیا آمدم.

: روز تولد توهم سیزده اوت ست؟

: نه. سیزده آذرماه ست.

رو برمی‌گرداند: من که می‌گویم تو باید یک روانشناس ببینی.

: این تنبیه بابت چه جُرمی هست؟
: ببین چطور گوز را ربط می‌دهی به شقیقه!
به شوخی می‌گویم: اتفاقاً این دو خیلی هم بهم مربوط اند.
: خیلی خب حالا پایان گفتگو. برو.
می‌خندم و بطـرف در اتاق می‌روم: و باز به انتهای خط رسیدیم بی آن که به مقصد رسیده باشیم. باشد.
: هرچیزی یک انتهایی دارد بالاخره.
: پس من تا چند دقیقه دیگر برمی‌گردم.
کدام انتهـــا ؟ لیلی پیش از آن که مـــرا که یک نیمه‌ی این واقعه هستـــم و همراه او در این سفر، در جـریان بگذارد آن را به تنهایی به انتهـــا آورده و به قول خودش یک بار مهم هستی را به سر منزل مقصود رسانده. اسمش را هم گذاشته خلاقیت.
: همانطورکه یک موسیقیدان با ساختن یک سمفونی یک اثر هنـــری را خلق می‌کند یک زن هم با حامله شدن و زاییدن، یک چیز با ارزشِ بنام انســان خلق می‌کند.
در راهـــرو کسی از دیدن من ترسیده. یک زن کولی تا مـــرا می‌بیند از روی نیمکت برخاسته خیره نگاهم می‌کند. لباسش بلند و لایه لایه پارچه‌هـــای هزار رنگِ تو در تو دارد.
می‌پرسم: حالت خوب ست؟
نمی‌فهمد. فقط نگاهم می‌کند. باز تکـرار می‌کنم. مـــی‌فهمد که سؤالم دوستانه

است. خوشحال می‌شود و سر تکان تکان می‌دهد. زنی که دخترش هنوز نزاییده از اتاق بیرون می‌آید و تند و با عجله نگاهی به اطراف می‌اندازد انگار در حال انجام کار خلافی است که نمی‌خواهد کسی بفهمد. پشت سر او مرد جوانی ظاهر می‌شود با چهره‌ای پُر از کلافگی و بی خوابی. دست به دیوار گذاشته تکیه می‌دهد. من چرا توقف کرده‌ام؟ سه جفت چشم نگران زل زده‌اند به چشمانم و راه را بر من بسته‌اند.

سرانجام مادر می‌خندد و اشاره می‌کند به زن کولی و می‌گوید: این همان خانمی است که قبلاً گفتم. کارش از دکترهای تحصیلکرده‌ی امروزی بهتر است. آمده تا با دعاها و مُهره‌هایش فکری به حال ما بکند چاره‌ای بجوید بلکه زایمان دخترم زودتر سر بگیرد از این سر درگمی در بیاییم.

اشاره می‌کند به مرد و ادامه می‌دهد: تقصیر این بود که دختر مرا آورد به یک بیمارستانِ بد.

مرد خود را جمع و جور می‌کند که چیزی بگوید اما مادر اجازه نمی‌دهد: ولی خب این بیچاره هم اهل اینجا نیست. همه‌ش دو سال است توی این مملکت زندگی می‌کند. برای اولین بار هم هست که بچه دار شده. اگر قبلاً با من تماس گرفته بود، اگر من زودتر از خانه آن یکی دخترم به اینجا آمده بودم می‌دانستم چکار باید بکنم. دیگر کاری است که شده. حالا فقط باید دست به دامن این همشهری مقدس خودمان بشویم.

سرش را به صورت من نزدیک می‌کند انگار رازی به من بگوید: دستش شفا دهنده ست.

مرد می‌گوید: مامان! من بهترین سعی خودم را کردم.

مادر به من می‌گوید: شوهرست البته که باید تمام سعی خودش را بکند. وظیفه‌اش همین‌ست که هر چقدر طول بکشد اینجا بالای سر زنش بماند. اما آرزو می‌کنم قبلاً به من خبر می‌داد و اینطور سرخود دخترم را به این بیمارستان پرت دور افتاده نمی‌آورد.

مرد می‌نالد: این یکی از بهترین زایشگاه‌های این شهرست.

: مُرده شور ببرد بهترین‌شان را.

مادر با زبان خودشان با زن کولی حرف می‌زند که من متوجه نمی‌شوم. به نظر می‌رسد که مرد هم نمی‌فهمد. مادر چیزهایی به زن کولی می‌گوید و او را به داخل اتاق هل می‌دهد و خود سر می‌چرخاند بطرف مرد: پس تو همین جا باش.

و خودش هم دنبال زن کولی وارد اتاق می‌شود. من می‌خواهم به راه خود بروم که باز در اتاق باز می‌شود. مادر بیرون می‌آید و سینی غذا را به مرد می‌دهد: تو این را ببر که پرستار به این بهانه نیاید توی اتاق.

مرد سینی به دست هاج و واج مانده.

مادر به من می‌گوید: تو هم اگر می‌توانستی توی راهرو بمانی به ما کمکی بکنی.

: که چکار کنم؟

: هیچ. فقط اگرکسی به اینطرف آمد تو یک تقه بکوبی به در و ما را خبر کنی.

: نه متأسفم من باید بروم.

: به همین زودی کارتان تمام شد؟

: من باید بروم بیرون. برای یک کار ضروری. زود برمی‌گردم.

: کجا؟

نه. نباید بگذارم او مرا بیندازد در دایره پیچ در پیچ سؤال‌ها. باید فرار کنم.

مرد می‌گوید: من خودم الان برمی‌گردم مامان. تو نگران نباش.

من راه می‌افتم. مرد پا به پای من می‌آید.

می‌گویم: مثل اینکه دارند با زنت یک کارهای مشکوک می‌کنند.

: مامان اینطور می‌خواهد. می‌گوید در کشور خودشان وقتی زنی مشکل زاییدن پیدا می‌کند باید برایش جادو و جنبل جور کنند تا راحت بزاید.

: خیال کردم هر دو از یک جا می‌آیید.

: نه. نزدیک بهم هستیم اما زبانمان با هم فرق دارد، و خیلی چیزهای دیگرمان.

: یعنی در کشور آنها در اینجور مواقع یک زن کولی می‌آورند تا هر طور شده سر بچه را بگیرد بکشد بیرون؟

می‌نالد: اشتباه خودم بود.

: کجای کار اشتباه تو بود؟

: همه‌ش. از اول تا آخرش.

: هنوز که به آخر نرسیده.

: اگر مامان زنم را نکُشد.

: به پرستارها اطلاع بده.

: نه. لطفاً به کسی حرفی نزن. لطفاً.

به محل سپردن سینی‌هـــای خالی می‌رسیم. او می‌ایستد. صـــدایش با بُغض همراه است: اما من نمی‌گذارم آنطور که آنها می‌خواهند بازی را تمام کنند.

: بازی؟

: نمی‌گذارم یک اسباب بازی بشوم برای آنها.

: چکار می‌کنی؟

: همان کاری که باید بکنم.

اصلاً به من چه که به او گوش می‌دهم؟ باید به راه خـــودم بروم. اما نگاه او به عمق چشمانم، به آن ته‌های مردمک‌هایم، مرا متوقف می‌کند: هر مکافاتی هم داشته باشد تحمل می‌کنم.

وانمود می‌کند که تصمیم مهمی‌گرفته و انتظـــار دارد من سئوال‌هایم از او را دنبال کنم. نمی‌کنم و به راه خـــود ادامه می‌دهم. حس می‌کنم او همچنـــان دارد رفتن مرا تماشا می‌کند. تندتر قدم برمی‌دارم تا هرچه زودتر از زیر سایه سنگین نگاه او بیرون بروم.

آفتاب هنـــوز در نیامده و باران هم نباریده. خیسی و رطوبت از هوای شرجی بر همه چیز نشسته و بر همه جا حتی بر موی رهگذران. مـــی‌ایستم بر پلکان جلـــوی بیمارستان. نگاه می‌کنم به دور و بر شاید نگاهم بیفتد به رهگذری در حـــال سیگار کشیدن. نیست. نگاهم به اطراف چرخی می‌زند به قصد یافتن

یک بقالی. اما غیر از بانک و نمایشگاه ماشین و گلفروشی چیزی دیده نمی‌شود. کمی بر پیاده رو راه می‌روم. اول به سمت راست. امیدی به بقالی نیست. برمی‌گردم. به سمت چپ می‌روم. تا چشم کار می‌کند ردیف نرده‌های آهنی صف کشیده‌اند. به رهگذران امید می‌بندم. صدای عبور و مرور ماشین‌ها و صدای عده‌ای که فریاد می‌کشند و صدای بلند گریزنده موسیقی از داخل ماشین‌های در حال گذر و صدای پیاده رو پُر رفت و آمد. این مردم دارند به کجا می‌روند، سر به زیر انداخته راه خود می‌پیمایند بی توجه به دیگران. بعضی‌ها غریبه هستند و به دنبال آدرس می‌گردند. نمی‌خواهم کسی از من سئوالی بکند. خودم را از دید رهگذران جوینده پنهان می‌کنم. درجایی دور خیلی دور بر پیاده رو آنسوی خیابان مردی بیرونِ اداره‌ای ایستاده دارد سیگار می‌کشد. دود سیگارش دیده نمی‌شود. آنقدر دود در خیابان و در اطراف او هست که دود او لابلای آنها گُم شده. از حرکت بالا و پایین شدن دستش می‌فهمم که دارد سیگار می‌کشد. حیف خیلی دور است. چقدر کالسکه بچه در پیاده رو رفت و آمد می‌کند. ایراد از من است که آنها را می‌بینم یا اینکه آنها واقعاً هستند. نمی‌دانم. اگر آنها را می‌بینم پس هستند و اتفاقاً واقعی‌اند و مثل تانک‌های ارتشی مقابل من رژه می‌روند. اگر همین دختری که حالا در مقابل نگاه من دارد کالسکه هُل می‌دهد اینقدر آرایش غلیظ زنانه نکرده بود حتماً خیال می‌کردم که دارد کالسکه‌ی خواهر یا برادرش را هُل می‌دهد اما هم از روی هفت قلم آرایش و هم از اخباری که درباره مادران جوان می‌شنوم باور می‌کنم که این دختر بچه دارد

کالسکه بچـه‌ی خودش را هُل می‌دهد. چه خوفناک است دیدن مادرهـایی به این نوجوانی. سیگـار به لب وسط پیاده رو می‌ایستم. آنقـدر می‌ایستم تا بالاخـره آن سایه‌ی آشنـا به من نزدیک می‌شود. زنی که ناگهـان از لای جمعیت بیرون پریده انگار یکـی از باقیمانده‌های دوره هیپی‌ها است که زمـان را گُم کرده. دارد تـوی خورجینی که از شانه آویخته دنبال چیزی مـی‌گردد. پیراهن بلند آبـی پوشیده با گل بوته‌های زرد و نارنجی و لکه رنگ‌های جور به جور دیگـر و یک گردنبند نقـره از گردنش آویزان است. پستان‌بند نبسته. موهـای سیاهش به سبک پسـرانه کوتاه و لابلای سیاهـی جا به جا دسته‌هـای موی خاکستری بیرون زده. به هیچ کس و هیچ چیـز توجه ندارد غیر چیزی که دارد از خورجین خود بیرون می‌کشد و بالاخره آنرا یافته درمی‌آورد. یک پاکت تنباکـو. نفس راحتی مـی‌کشم. سر بلند مـی‌کند و مرا می‌بیند: دنبال آتش می‌گردی؟ با لبخند سری به تأیید مـی‌جنبانم. او را مـی‌شناسم. او را جایی دیده‌ام قبلاً حتی چیزهایی هم درباره زندگـی‌اش می‌دانم. دست می‌برد توی خورجین برزنتی و یک کبریت کاغـذی تاشونده در مـی‌آورد بطرفم می‌گیرد. کبریت پُر است و من اولین نخ مقوایـی آن را به آتش می‌کشم. مـی‌رود بطرف نیمکتی که در چند قدمی ما است و با خنده می‌گوید: این نیمکت من ست.

و با همـان خنده بر نیمکت می‌نشیند و شروع می‌کند به پیچیدن سیگـار. اولین پُک مـرا گیج می‌کند. من هم می‌روم بر نیمکت می‌نشینم و کبریت را با تشکر بطرفش دراز می‌کنم اما او کبریت را از من پس نمی‌گیرد: نگه‌ش دار.

: مطمئنی؟

: اوه بله.

کبریت مشابهی که در دست دارد به من نشان می‌دهد.

می‌گویم: ممنونم.

بین نیمکت و جدول خیابان یک جوی هست که در ته آن آب باریکه‌ای عبور می‌کند. خیره می‌شوم به کبریت مقوایی. روی آن عکس یک پرنده در حال پرواز هست. پرنده یک شاخه کوچک از گیاهی یا از درختی به نوک گرفته. پُک‌های بعدی به من اطمینان می‌دهند که در امن‌ترین جای دنیا نشسته ام. زن زیبا نیست اما چهره‌ای مهربان دارد.

لیلی می‌گوید: ببین که چه چهره‌ی معصومی دارد!

می‌پرسم: چند ساله هست؟

لیلی با گریه می‌گوید: بیست و یک.

راجا که همه هیکلش پوشیده زیر جواهرات تقلبی و زیر انبوه مُهره‌های رنگ به رنگ است، پاهایش را بر ماسه‌ها می‌کشد و پیش می‌آید. روی تختخواب ساحلی‌ام جابه‌جا می‌شوم. پایه‌های تخت‌هایمان در شن فرو رفته‌اند. عینک سیاهم را از توی کیف لیلی که روی ماسه ولو شده بیرون کشیده بر چشم می‌گذارم تا بتوانم عبور راجا را ندیده بگیرم و او بدون توقف از کنارمان بگذرد. لیلی از بس که در این چند روز از او آشغال‌هایی بنام گردنبد نقره و سنگ و جواهرات قیمتی خریده طرف را واداشته هر روز توقفی هم در مقابل ما

بکند و پولی هم از ما کاسب شود. از لای خنده اش می‌فهمم که از من بدش می‌آید. خودم را می‌کشم بطرف لیلی که دراز کشیده بر تخت خود، چسبیده به تخت من، عینک آفتابی اش را بالا زده گذاشته روی سرش و دارد روزنامه می‌خواند. روزنامه نیست بلکه یک نشریه‌ی چهار صفحه‌ای است و بر صفحه اولش عکس یک دختر جوان چاپ شده. دستم را بر شکم لخت لیلی می‌گذارم. انگشت در گودی نافش فرو می‌کنم. صورتم دارد می‌چسبد به بازوی او. دستم را پایین‌تر می‌برم. انگشتم لبه مایوی او را لمس می‌کند. انگشت‌هایم را آرام بر پوست بالای شورت تکان تکان می‌دهم. دارم او را تحریک می‌کنم.

: نکن.

راجا به ما نزدیک شده. پیرهن سفیدش بلند است. طوری از پشت عینک سیاهم می‌پایمش که اصلا بو نبرد او را دیده‌ایم و هوس نکند به این طرف بیاید. خسته است. هر روز همین خط ساحل را می‌گیرد و چندین بار از سر تا ته می‌رود و هی برمی‌گردد تا بلکه بتواند به مردم دراز کشیده زیر آفتاب چیزی بفروشد. خریداران او زن‌ها هستند. انگشتانم را بر پهلوی لیلی بالا می‌کشم. سایه‌ی راجا از روی ما عبور می‌کند می‌رود. انگشتانم به لبه‌پستان بند رسیده که صدای هقی از گلوی لیلی بیرون می‌زند. درحال خواندن هوس گریه کرده. خیز برمی‌دارم به او نگاه کنم. روزنامه سایه بر صورت او انداخته. نوشته به زبان فرانسه است و من هیچ از آن سر در نمی‌آورم. فقط می‌دانم که نوشته بزرگ بالای عکس دختر کلمه آزادی است به زبان فرانسه. دختر

توی عکس موهای سیاه کوتاه دارد. چهره پسرانه اش زیبا نیست اما چیزی دارد که نگاه را به خود جذب می‌کند.

: ببین که چه نگاه معصومی دارد.

: هنرپیشه سینماست؟

لیلی با چشمان پُر از اشک نگاهم می‌کند: واه!

دو تا حلقه کوچک سفید از دو گوش دختــــر آویزان است. وسط هر حلقه یک نگین خیلی کوچک سرخ دیده می‌شود اما دیده نمی‌شود که نگین‌ها چطور و به چه وسیله وسط دایره حلقه‌هــا ثابت مانده‌اند. یک صلیب کوچک فلزی هم به گردن آویخته که حالا افتاده وسط شکاف بین دو پستان او: پدرِ خودش را کشته.

بر جای خود بیشتــــر خیز برمی‌دارم. صدای دریا ناگهــــان هجوم مــــی‌آورد. یکی از بچه‌های توی آب جیغ می‌کشد.

می‌پرسم: چی شد باز؟

: بازی ست.

لیلی روزنامه را مــــی‌اندازد پایین تخت روی ماسه و عینکش را بر چشم‌هــــا می‌کشد. می‌نشیند و حلقه‌های پستان بند را از روی شانه بیــــرون می‌آورد و دو تا کبوتر سفت سفید را آزاد می‌کند تا آنهــــا هم آفتاب بخورند. آب دهنم را قــــورت می‌دهم. سرم را جلوتر می‌برم که یکی از پستان ها را ببوسم. او خود را پس می‌کشد: نکن.

: چه هست موضوع؟

: مرتیکه سال‌ها به دختر خودش تجاوز می‌کرده. دختره هم چند بار به پلیس خبر داده اما کسی جدیش نگرفته. تا اینکه یک شب خود دختر دست به کار شده. مرحبا به چنین دخترهایی. حیف که قانون همه جا از آنها دفاع نمی‌کند.

: چی به مرتیکه خورانده؟ نوشته اینجا؟

لیلی با دستمال اشک خود را پاک می‌کند و دماغش را هم می‌گیرد: گفتی چی خورده؟

: پرسیدم چه جور زهری داده به پدره؟

: با برق او را کشته. هر دو در خانه تنها زندگی می‌کردند. دختر یک کابل برق جور می‌کند که به یک سرش یک دو شاخه هست. سر دیگر کابل را لخت می‌کند از زیر لاستیک سیم را بیرون می‌کشد و یکشب که پدره مثل همیشه بعد از تجاوز به او لخت خوابیده توی تختخواب، دختر دو شاخه کابل را به پریز برق می‌زند و سرِ سیم‌های لخت را مثل نیش مار فرو می‌کند توی بدن پدر. هیکل یارو چندین بار با وحشت بالا و پایین می‌پرد. چهل تا ضربه سوزندگی از برق روی تن مرتیکه بوده.

نمی‌توانم گوش بدهم. نمی‌توانم آرام بگیرم. باید موضوع را عوض کنم. می‌گویم: اگر ثابت بشود که راست گفته درباره تجاوز، زیاد او را اذیت نمی‌کنند.

: تو شک داری که دختر راست می‌گوید یا نه؟

: نه. مقصودم ثابت کردن به دادگاه‌ست.

از من رو برمی‌گرداند و خیره می‌شود به دریا: اگر سازمان‌های حقوق بشر به داد دختر نرسند او را در آن کشور اعدام می‌کنند. به زودی.

ناگهان از تخت پایین می‌روم. ترس افتاده به جانم. طاقت ماندن ندارم.

لیلی می‌پرسد: چه شد؟

: من می‌روم توی آب.

راه می‌روم و هر چه به خط آب نزدیک‌تر می‌شوم صدای دریا کمتر می‌شود و صدای عبور ماشین ها بیشتر.

ماشین‌ها با شتاب از مقابل ما می‌گذرند. زن هنوز لبخند به لب دارد اما انگار خیال ندارد با من حرف بزند. نگاهی به صورت او می‌اندازم. چهره‌ای خسته و چشمانی که گرد شده اند. بطری مشروبم را در می‌آورم و یک جرعه می‌نوشم. به او تعارف می‌کنم.

می‌گوید: اوه. نه. ممنون.

باز نگاه دیگری به بطری‌ام می‌اندازد و می‌زند زیر خنده و دود تکه تکه از دهنش بیرون می‌پرد: نوش!

می‌خواهم بگویم که او را می‌شناسم. می‌گویم: چه آرامشی در چهره تو هست. خوشم می‌آید.

: تو آرامش نداری؟

: من؟ خب اگر مردم بگذارند چرا.

: تو با مردم راحت نیستی نه؟

: من؟ می‌خواهم سر به تن مردم نباشد. رو راست. ببخشید!

بلند می‌خندد و خنده‌اش تا مدتی ادامه دارد. در سکوت سیگارم را می‌کشم.
: یعنی الان می‌خواهی سر به تن من نباشد؟
: نه. البته که عاشق تک‌تک آدم ها هستم. اما مجموعه‌ی آنها را دوست ندارم.
: پیداست از مردم ضربه خورده‌ای. بدی دیده‌ای.
: یا به آنها بدی کرده‌ام. ضربه زده‌ام.
می‌پرسد: ها؟ بدی کرده‌ای؟ ضربه زده‌ای؟

جواب نمی‌دهم و دود سیگارم را با لذت می‌بلعم و بیشتر بر نیمکت لم می‌دهم. نگاه می‌کنم به پرنده روی کبریت و به نوشته‌ای که زیر آن است. کلمه آزادی به زبان فرانسه. زبان او وجود یک نخ تنباکو را لای لب‌ها حس کرده. دستش بالا می‌آید. انگشت‌هایش با ظرافت سر نخ تنباکو را می‌گیرند. لاک رنگی به ناخن‌هایش نمالیده. لب‌هایش را با یک کرم بی رنگ چرب کرده. ماشین پلیس جیغ کشان از مقابل ما می‌گذرد و از لابلای ماشین‌های دیگر خودش را می‌سُراند و دور می‌شود.
او با اشاره به بیمارستان می‌پرسد: اینجا چه کار می‌کنی؟
جواب نمی‌دهم چون دارم دنبال جواب مناسبی می‌گردم.
باز می‌پرسد: اینجا کار می‌کنی؟
می‌گویم: نه. آمده‌ام به دیدن رفیقم که دوست دخترش تازه زاییده.
: او را دیدی؟
: دیدم.

: خوب بود؟

: دیگر با هم نیستند.

کنجکاو و با لبخند نگاهم می‌کند. مـــی‌گویم: من البته باید زود بروم چون دکتر دارد طرف را مرخص می‌کند.

: و تو می‌روی که چکار بکنی؟

: به رفیقم کمک کنم. حالش اصلاً خوب نیست.

: بخاطر همان قطع رابطه؟

: خب دیگر.

: حالا بچـــه آن دو را بهم نزدیکتـــر می‌کند. شاید هم یک خـــانواده تشکیل بدهند.

: رفیق من اهل تشکیل خانواده نیست.

: چرا؟

: اگر معنی خانواده بچه داشتن‌ست.

: چرا نمی‌خواهد بچه داشته باشد؟

: چون فکر می‌کند به اندازه کافی بچه روی این کُره خاکی وجود دارد.

می‌خندد: اما بعضی‌ها می‌گویند بچه‌ی خود آدم چیز دیگری‌ست.

هیچ نمـــی‌گویم. یک ماشین پلیس در مقابل در بیمـــارستان تقریبـــاً در وسط خیابان توقف می‌کند. دو تا پلیس، یک مرد و یک زن از ماشین پیاده می‌شوند و هی دست می‌زنند به چیزهایی که به آنهـــا آویزان کرده اند، از لیفه‌هـــای شلوارشان گرفته تا سینه‌ی کُت و اُپل‌های روی شانه‌ها و کلاه‌ها. می‌آیند تلق

و تلوق کنان از روی جوی می‌پرند و از پلکان بالا می‌روند و وارد بیمارستان می‌شوند. نگاه من با آنان دنبال می‌شود تا روی شانه چپ زن که پشت به بیمارستان است. نگاه او فقط به من مانده. می‌خندد و پک می‌زند به سیگارش.

: خودم بچه ندارم. اما اینطور شنیده‌ام.

: فکر می‌کند فرزند او هم بالاخره یا کُشته خواهد شد یا یک آدمکُش.

: او هم؟

: صنعت آدمکشی دنیا به بهانه‌هایی مثل جنگ هی بیشتر رونق می‌گیرد. او می‌ترسد که نتواند فرزندش را طوری بزرگ کند که بالاخره قربانی این صنعت نشود.

: خب آنهم بستگی دارد به نوع تربیت بچه و به اخلاق پدر و مادر.

: متأسفانه اخلاق هر دو خراب ست.

: با این حال آینده چیزهای قشنگ هم دارد.

پلیس مرد از بیمارستان بیرون می‌آید می‌رود پشت فرمان می‌نشیند. ماشین حرکت می‌کند می‌رود. یک ماشین پلیس دیگر می‌آید که بزرگ است و مخصوص حمل و نقل مُجرم‌ها. پشت شیشه‌هایش پرده‌ای از میله‌های مُشبک هست. سه تا پلیس از ماشین پیاده می‌شوند به پیاده رو می‌آیند و با هم حرف می‌زنند. یکی از آنها به داخل بیمارستان می‌رود و دو تای دیگر می‌ایستند نگاه می‌کنند به ماشین که راننده‌ی آن سرش را از پنجره بیرون آورده انگار می‌خواهد چیزی به آن دو بگوید اما نمی‌گوید. من بهتر است

بروم. زن یک پای خود را از توی دمپایی اش درآورده مـــی‌گذارد روی نیمکت. مُچ پایش لخت در نگاه من است. کشیدگی مُچ پا مرا به تماشـــای بیشتر وا می‌دارد. وسوسه انگیز است. اما تا بیایم از این تماشـــا لذت ببرم نگاهم جلب می‌شود به لکه‌ی خون پشت مُچ پای او.

: بخاطر کفش تنگی که پوشیده بودم.

تکه‌ای دستمال کاغذی از خورجین درمی‌آورد و خون را خشک می‌کند.

من دست می‌برم توی کیفـــم: من یک جعبه چسب زخم دارم. الان پیداشـــان می‌کنم.

: نه. زحمت نکش. نمی‌خواهم.

: چرا؟ بچسبان روی زخم. اینطور باید بهتر باشد.

: بهتر نیست.

: نیست؟

: زخم اگر در هوای آزاد بماند زودتر خوب می‌شود. می‌دانی؟

بعد از سکوت می‌گویم: شنیدم.

از جایم بلند می‌شوم. او هنوز نشسته و سر بالا گرفته نگاهم می‌کند. رنگ چشمـانش باز از خاکستـری برمی‌گردند به آبی انگـــار تکه‌ای ابر از مقابل مردمک‌های او گذشته رفته و باز چشمان شفاف او پُر می‌شوند از آسمان.

: پس لابد آرزو می‌کرد که بچه‌اش دختر باشد.

می‌خواهم بگویم دختـــر یا پسـر فرقی ندارد چون هر دو مکنده هستند و می‌آیند تا هر چه را که در این دنیا به من لذت می‌دهد بمکند و ببلعند.

می‌پرسم: چطور؟

می‌گوید: خب چون که دخترها را به جنگ نمی‌فرستند و امکان کمتری هست که آنها هم تبدیل بشوند به آدمکُش.

می‌خندم: اینطور خیال می‌کنی؟

: اینطور نیست؟

دوتا پلیس از پلکان بالا می‌روند و من دیگر آنها را نمی‌بینم. ماشین‌شان هنوز توی خیابان است و راننده هم پشت فرمان نشسته. نگاهم باز دنبال آنها می‌گردد. نگران شده ام.

: چیزی شده؟

: باید بروم.

: باشد.

: ممنون بابت کبریت.

کبریت را در کیفم می‌اندازم و کلاهم را بر سر می‌گذارم و لبه آن را پایین می‌کشم و زن را تنها می‌گذارم با خنده قشنگش که نشان از راحتی و از اعتماد به نفس او دارد. چشمانم جایی را نمی‌بینند غیر از چند قدمی روی زمین جلوی پایم. می‌ایستم و نگاهی به روبرو می‌اندازم ببینم کجا هستم. به خود می‌آیم و اولین چیزی که واضح می‌بینم یک سطل زباله توی پیاده رو است. می‌روم بطرفش. بسته‌ی چسب‌های زخم را از کیفم درآورده می‌اندازم توی سطل زباله. بی آنکه به پشت سر نگاهی بیندازم می‌روم و به بالای پلکان می‌رسم. یکهو جا می‌خورم. دو تا پلیس پشت ستون جلوی در

بیمارستان مخفی شده‌اند. سایه سنگین نگاه آنهـــا را در دو طرفم حس می‌کنم. نباید لبه کلاهـــم را بالا بزنم. باید یکراست بروم در شیشـه‌ای را هُل بدهم و خودم را بیندازم توی سالن ورودی. بعد راه راهـــرو و پله‌هـا را در پیش بگیرم. پله‌های زیادی که مرا به بخش زایمان می‌رسانند. می‌توانستم با آسانسور بروم اما وقتی عجله دارم از آسانسور استفـــاده نمی‌کنم چون فکر می‌کنم که اگـــر وسط راه خراب شود و من توی آن گیر بیفتم خیلی بد می‌شود. راهرو شلوغ‌ست و ترسناک و دو تا پلیس مرد و زن با تمام چیزهای آویخته از آنهـا وسط راهـرو ایستاده اند. چند تا پرستـار در لباس‌های سفید و آبی پراکنده به ته راهرو می‌روند و برمی‌گردند. دکتر سلیمـان نوزادی در بغل گرفته و تکیه داده به میز پرستارها. تمام بدنِ من به رعشه افتاده با دیدن او. می‌روم بطرف اتاق لیلی بطـــرف اتاق پسرم. نکند بلایی سر فرزندِ من آمـــده که همه اینطور اینجـا جمع شده اند. نکند این نوزادی که در بغل دکتر سلیمان است نوزاد من است. چقـــدر وحشت کرده‌ام. آب دهنم را قـــورت می‌دهم. دست‌هایم می‌لرزند و پاهایم در اختیار من نیستند. چرا زودتر نیامدم. اصـــلاً چرا رفتم. باید بدوم. مـــی‌خواهم بدوم و فریاد بزنم که پلیس مرد جلوی راهم سد می‌کند و نگهم می‌دارد: کجا می‌روی؟

: بچه ام.

: بچه ات؟

: همسرم.

: توی کدام اتاق؟

: شماره نُه.

با اندوه نگاهم می‌کند انگار دارد به یک اسب مُرده توی خیابان افتاده نگاه می‌کند.

: بگذار بروم.

: شوهر گل هستی؟

: نه.

: پس کی؟

: لیلی.

دوتا دکتر مرد از توالت زنانه بیرون می‌آیند. حسی جز نفرت ندارم که به آنان منتقل کنم.

می‌خواهم کله‌شان را به دیوار بکوبم که اینهمه بی خیال می‌آیند از کنارم می‌گذرند و به من هیچ توجه ندارند. پرستار خندان پیدایش می‌شود اما حالا نمی‌خندد و یکراست می‌آید بطرف من در حال حرف زدن: زن و بچه تو امن هستند. حالشان خوب است. برو به اتاق.

زیر نگاه کنجکاو پلیس به اتاق می‌روم. لیلی نوزادِ ما را محکم در بغل فشرده دارد گریه می‌کند: خودش را کُشت. حلق آویز کرد با ملافه.

کلاه از سر بر می‌دارم. نفس نفس می‌زنم. لیلی ادامه می‌دهد: بعد از رفتن تو او آمد اینجا نشست. آرایش غلیظی کرده بود انگار می‌خواست برود به عروسی. بچه‌اش را همین جا روی تخت ول کرد و رفت بیرون. غذا هم

نخورد. به من هم هیچ نگفت. فقط رفت و خبری از او نشد تا اینکه جیغ زنی از توی توالت زنانه همه را از موضوع با خبر کرد.

: بچه اش توی بغل دکتر سردخانه است.

: یک ظرف بستنی شکلاتی که برای گل آورده اینجا دارد آب می‌شود.

: طرف انگار راستی راستی عاشق گل بود.

: من او را دیدم که یکهو رنگش پرید تا خبر را شنید. باورم شد که عاشقش بوده.

: عجب حماقتی!

: خیلی بدجنسی. گل که دختر خوبی بود. مهربان بود.

: و با شهامت.

: تو چطور خودت را آموزش داده‌ای که اینطور بی عاطفه باشی و اینطور بی تفاوت باشی به زندگی و به مرگ مردم دور و برت؟ من لحظه به لحظه بیشتر قلبم می‌گیرد و هی قُرص صورتش می‌آید جلو نظرم. می‌خواهم پا شوم فُحش بدهم به هر چه مرد است که پروانه‌هایی مثل این زن و امثال او را شکار می‌کنند بعد له می‌کنند زیر پا.

بچه‌ی لیلی جیغ می‌کشد. می‌نالد. مثل یک بچه گربه صدا در می‌آورد. گریه می‌کند. دست لیلی آرام بر پشت او می‌کوبد و گریه‌ی بچه بیشتر می‌شود. هر چه لیلی بیشتر تلاش می‌کند گریه بچه عمیق‌تر می‌شود با آهنگ چندش آور یکنواخت.

بی حوصله بر صندلی می‌نشینم. : باز گرسنه شده لابد.

: از گرسنگی نیست. از گرماست.

: پنجره که بازست.

: پاشو لای در اتاق را کمی باز کن تا هوا جا به جا شود.

می‌روم لای در اتاق را باز می‌کنم. راهـــرو ظاهر می‌شود و قسمتی از تخت چرخدار که جسدی را در زیر ملافه حمـــل می‌کند. پلیس زن دست‌هـــا به سینه بالای سر جسد ایستاده به آن نگاه می‌کند.

صدای زُمخت زنی می‌پرسد: دکتر چه گفت؟

صدای مردی می‌گوید: می‌بریمش.

نمی‌بینم چه کســـی دارد تخت را هل می‌دهد. از میدان نگاه من گـــذر می‌کند امـــا هیچکس پشت یا جلو آن نیست. آرام در حرکت است.

لیلی می‌گوید: پس خودت از جلوی در بیا اینطرف که باد بیاید توی اتاق.

برمی‌گردم: باد که قرارست از پنجره بیاید داخل.

: باید راه داشته باشد از در بیرون برود تا کوران شود.

: کوران اصلی توی راهروست.

بچه ساکت شده امـــا سکوتش مثل آرامش قبل از طوفان است. لیلـــی می‌گوید: من از کجـــا، چه جور باید می‌فهمیدم که او آن ملافه‌هـــا را برای چه کاری پاره و بعد بهـــم وصل می‌کند؟

سکوت می‌کند و باز رو به من می‌گوید: تو چـــرا نفهمیدی؟ چرا حتی حدس نزدی؟

: نکند می‌خواهی به من هم احساس گناه بدهی ؟ زندگی و مرگ دیگـــران به

من هیچ ربطی ندارد. اگر کسی تصمیم گرفته بمیرد من خودم را مسئول متوقف کردن او نمی‌دانم چون گناه متوقف کردن کسی که تصمیم گرفته از شرِ خودش خلاص شود یک گناه کبیره است بنابراین پای مرا داخل این موضوع نکش لطفاً.

: خیلی خب بابا تو هم. برو یک گوشه‌ای استراحت بکن که حالت خوب نیست اصلاً.

تام می‌گوید: شون قاتی کرده بود. درست اول جوانی وقتی که باید از زندگی لذت ببرد انگار می‌خواست از شرِ خودش خلاص بشود. من که نمی‌توانستم فقط تماشاچی باشم. باید کاری می کردم. درست ست؟

: درست.

ویلچرش را برمی‌گرداند پشت به من رو به پنجره. می‌خواهد که من گریه‌اش را نبینم. صدای بُغض گرفته‌اش را می‌شنوم: من می‌خواستم بهش کمک کنم که نیفتد توی دام تروریست ها.

: دوست داری برویم بیرون؟

بازّ با ویلچر برمی‌گردد به سوی من: رستم چطور پسر خودش را کشت؟

: خب نمی‌دانست که دارد پسر خودش را می‌کشد وگرنه شاید او را نمی‌کشت.

: با چه چیزی؟ مقصودم چه طوری؟

: آها. با خنجر. عکس آن صحنه توی کتابهای مدرسه‌مان هم بود. تصویر نقاشی شده صحنه. رستم را نشان می‌دهد که فرزند زخمی‌خود را در یک

دست گرفته و در دست دیگــرش یک خنجر خونی هست. در تصویر، رستم در حال فریاد کشیدن‌ست.

توی حیاط کســی فریاد می‌کشد. صداهای کوتاه مقطع همــراه با زوزه. شرجیِ بیشتر شده و درختهای حیاط بیمــارستان خیس‌تر. نیمکتی که بر آن نشسته‌ام هم خیس شده. صدای فریاد، نه، صدای زوزه از جانب آن شخصـی است که روی نیمکت زیر پتو دراز کشیده. خواب است یا بیدار. کسی نمی‌داند غیر از خودش اگــر خودش هم بداند. عصر است. نمی‌دانم چه مدت است بر این نیمکت نشسته‌ام. باید به اتاق لیلی برگردم و با او آشتی بکنم. برمــی‌گردم و پیش از هر چیز پیشانی او را می‌بوسم. با شک نگاهم می‌کند.

: بهتری؟

: خیلی.

: پس مرا ببوس.

خم می‌شوم لب‌هایش را می‌بوسم. مزه تلخ.

می‌پرسم: تو می‌دانی ما کی از اینجا مرخص می‌شویم می‌زنیم به چاک؟

: باید از آنها بپرسی نه از من.

: از کی؟

: از دفتر بخش.

باز از اتاق بیــرون می‌زنم. هیچکس در راهرو نیست. از آنهمــه آدم کسی نمانده. انگار کســـی همین چند دقیقه پیش خودش را از سقف توالت زنانه

این راهرو حلق آویز نکرده. کلاهم را دست به دست مـــی‌کنم. مدتی در مقابل میز پرستارهـــا می‌ایستم تا اینکـــه دو تا پرستار با هم از اتاق پشتی ظاهـر می‌شوند. انگـــار داشتند یک کار مشترک با انگشت‌هـــای همدیگـر انجام می‌دادند. انگشت‌های آنان در هوا پرپر می‌زنند، خیس از چربی.

می‌گویم: ببخشید.

پرستارها حالا مرا می‌بینند.

می‌گویم: ببخشید ما می‌خواهیم بدانیم که کی می‌توانیم به خانه‌ی خودمان برویم؟

فقط نگاهم می‌کنند انگار که حرفم باید ادامه داشته باشد.

می‌گویم: همین.

پرستاری که یک پستانش روی سطح شیشـــه‌ای جلوش ولو شده می‌پرسد: دکتر به شما چه گفت؟ امروز که لیلی را دید. ندید؟

: دید.

: خب؟

: چیزی نگفت.

پرستارها به همدیگر نگاهی می‌اندازند.

: پس تو برو برگرد به اتاق. ما با دکتر تماس می‌گیریم و بعد شما را خبر می‌کنیم.

: باشد. ممنون.

می‌روم. زنی که تمـــام سر و صورتش زیر حجاب سیاه پوشیده دست به دیوار

از توالت بیرون می‌آید. حامله است. مردی با شتاب از اتاقی بیرون می‌پرد. سرگشته چرخی به دور خود می‌زند. سر درِ اتاق‌ها و نمره‌های دیگر را نگاه می‌کند. زن را نمی‌بیند که ترسیده خود را به دیوار چسبانده. مرد باز هل می‌خورد توی همان اتاق. زن هم که نمی‌خواهد مرا ببیند به همان اتاق می‌رود. لیلی خیره مانده به در. وارد می‌شوم.

لیلی می‌گوید: در را نیمه باز بگذار. یک صندلی هم بگذار پشت آن که بسته نشود. فقط بالا غیرتاً خودت روی صندلی ننشین و بگذار باد بیاید و جا به جا شود.

در حالیکه صندلی را پشت در می‌گذارم غُر می‌زنم: اصلاً امروز من مزاحمم. کاری که انجام نمی‌دهم هیچ، مزاحمت هم درست می‌کنم. اصلاً معلوم هست من چرا اینجا هستم؟ موضوع چه ربطی به من دارد؟

سکوت. دلم می‌خواهد مشت بزنم به در، و یا به صورت خودم. کلافه دور خود می‌گردم. لحن لیلی عوض می‌شود. مهربان می‌گوید: نه درست نیست. اتفاقاً حضور تو در آنجا که لازم بود خیلی هم مفید بود. ازت ممنونم. اگر تو نبودی من چطور آنهمه درد را تحمل می‌کردم؟

: کی؟ کجا؟

: توی اتاق زایمان.

: من؟

بی توجه به حرفم می‌پرسد: خب چه شد چه گفتند؟

: آن دو تا خواهران مقدس گفتند که خودشان به موقع ما را خبر می‌کنند.

می‌پرسد: این چه هست که هـی لای انگشت‌هایت می‌گردانی؟ عکس شش در چهـار یک زن؟

: یک کبریت است که عکس هم دارد اما نه عکس یک زن بلکه نقـاشی یک پرنده که دارد یک تکه چوب خشک می‌برد برای ساختن لانه‌اش.

: چه تصویر آشنایی؟

: و خیلی ساده.

: خب پس تـو برو ده پانزده دقیقه به هرکجـا که می‌خواهی هرکاری داری انجام بده که من هم کمی تنها باشم.

: من که گفتم مزاحمم.

: نه. فقط مـی‌خواهم سر حوصله و فرصت چیزهایم را جمع و جـور کنم و ساکـم را ببندم. تو که اینجـا هستی و هی حرف‌های بی در و پیکر می‌زنی حواسم پرت می‌شود می‌ترسم یک چیزی جا بگذارم.

: چشم. می‌روم.

: اول یک نگاهی به بچه بینداز ببین خواب است یا بیدار.

به بچه نگـاه می‌کنم که توی تختخواب خود خوابیده با عضلات منقبض. مُچ‌های بسته دست‌هاش را جلوی صورت گرفته انگـار در میدان بوکس است و هنـوز در گیجی ضـربه‌ای است که تازه خورده. درحـال خارج شدن حرف می‌زنم: حالا حالاهـا کارش فقط سه چیز. خوابیدن و خوردن و ریدن.

: همه می‌رینند. تو هم می‌رینی. فقط خداست که نمی‌ریند.

توی راهـرو مردی را می‌بینم که کت و شلوار سیاه پوشیده با ریشی بلند نفس

زنان از راه پله آهنی می‌آید و روبروی توالت زنانه می‌ایستد: می‌شود رفت توی این توالت؟

می‌گویم: این زنانه است.

: می‌دانم.

: اما این یکی مردانه است. برو توی این. ببین عکس هم دارند.عکس زن و عکس مرد.

: این یکی که عکس زن دارد مال زن‌ها است. نیست؟

: بله خب.

: کسی توی آن هست؟

: من خبر ندارم.

از مـــن رو برمی‌گرداند. در توالت زنانه را آرام هل می‌دهد و کم کم وارد می‌شود. به سمت پلکان آهنی می‌روم و شروع می‌کنم به پیچیدن یک سیگار. جسم مچاله شده‌ای روی یکی از پله‌ها سد راه من است.

می‌گویم: ببخشید.

مرد جوان، همان که زنش هنوز نزاییده، مچاله توی خودش زانوها در بغل نشسته. سر برمی‌دارد برمی‌گردد بسوی من و بلند می‌شود: اول بوی تنباکو را فهمیدم.

: می‌کشی؟ یکی بپیچم برایت؟

نگاه محتاطانه‌ای به بالای ســر، به سمت در راهـــرو می‌اندازد: لطفاً. اگر اشکال

ندارد. ولـــی حالا روشنش نمـــی‌کنم تا مطمئن بشـوم مادر زنم اینطرف‌ها نباشد. از نظـــر تو اشکالی دارد؟

: نه. اصلاً. بالاخره باید هوای مادر زن‌ها را داشت.

اول سیگار پیچیده‌ی خودم را روشن می‌کنم بعد شروع می‌کنم به پیچیدن یکی برای او.

: پس معلوم می‌شود مادر زنت خیلی دوستت دارد.

: مسخره می‌کنی؟

جا می‌خورم و خودم را جمع و جور می‌کنم: اوه نه. اصلاً.

و باید چیزی در ادامه بگویم: منظـــورم این است که او نگـــران وضع سلامتی تو است.

آرام و با احتیاط می‌گوید: شک دارم.

مـــی‌خندم و به لحن دلداری دهنده می‌گویم: خب لابد به خاطـــر سلامتی بچه هم هست. بالاخره هرکس بچه می‌خواهد باید این چیزها را هم تحمل کند.

: من که نمی‌خواستم.

: نه؟

: زنم راضـــی شده بود که ما پنج شش سال دیگـــر درباره‌اش حرف بزنیم ببینیم اصلاً بچه می‌خواهیم یا خیر.

: چه تدبیر عاقلانه‌ای!

: امـــا از وقتـــی پای مـــادرش به اینجـــا باز شد با همدستـــی یک جُفـــت از

همشهری‌ها و دوستانی که زن و مرد هر دو داروخانه‌چی هستند افتـــادند به جان زنم که هرچه زودتر بچه‌دار شود.

: اما من شنیده‌ام شما خیلی بچه دوست داشتید و برای آن خیلی هم تلاش کردید.

: از کی شنیدی؟

: خب. می‌دانی که زن‌ها به هر کجا می‌روند زود از دور و برشان سر در می‌آورند.

: خود ما تلاش نکردیم. خانم و آقای دکتـــر به همراه مـادر زنم برای ما تلاش کردند و اینقدر دواهای جور به جور به خوردمان دادند تا بالاخره ما را حامله کردند.

: بفرما این هم سیگار تو.

سیگار را تند می‌قاپد: متشکرم.

: حالا روشن می‌کنی یا می‌گذاری برای بعد؟

سیگار را طوری بر لب مـــی‌گذارد که من برایش کبریت بکشم. مـــی‌کشم. پُک عمیق می‌زند انگـــار سال‌ها در حسرت این دود اینجا نشسته بوده: اگر هم مرا ببینند اهمیت نمی‌دهم. اصلاً به او چه ربطی دارد. من می‌خواهم سیگار بکشم.

و مشتاقانه به انبوه دودی که از دهنش بیرون می‌فرستد نگاه می‌کند.

می‌گویم: من می‌روم توی حیاط چرخی بزنم.

دلم می‌خواهد کمـــی بنشینم در کنار او و به درد دل‌هایش گـــوش بدهم اما

نشستن روی این پله‌های آهنی استخوان‌هـای پشتم را اذیت می‌کند. از پله‌ها پایین می‌روم. صدایش را می‌شنوم. : ببخشید تو کجایی هستی؟

: یک جای دور.

: لهجه‌ات آشنا است.

می‌خندم: مثل همه‌ی لهجه‌های جور به جور دیگر در این کشور.

از او فرار می‌کنم. چرا می‌خواهد بداند من کجایی هستم؟ چه فـرقی به حال او دارد؟ چـرا مردم دوست دارند از سوراخ سُنبه‌های زندگی دیگـران با خبر بشوند؟

: خب این جزو ذات بشرست که از اوضـاع هم نوع خود با خبر باشد. این یعنی حس هم دردی و حس نزدیکی و یکی شدن.

: و حس حسادت. شاید.

: حسادت به چی؟

: اصلاً مُرده شور ببرد این ذات بشری را.

خب راستش از اینگـونه کنجکاوی‌ها در خود من هم هست. مثلاً چـرا در مورد این شخص که زیر این پتوی خاکستـری روی این نیمکت خوابیده اینقدر کنجکاو هستم؟ باید فراموشش کنم و بروم روی آن نیمکت خالی بنشینم و پُک بزنم به سیگارم و به خودم بقبولانم که حالم خوب است و هیچ ملالی نیست.

: حالت چطورست؟

سر بلند می‌کنم و برمی‌گردم. دکتـر سلیمان را می‌بینم که ایستـاده پشـت

نیمکت نگاهم می‌کند. می‌پرسد: خوبی؟

: بله. بهترم. تو چطور؟

جواب نمـــی‌دهد. می‌آید روزنامه‌ای را که در دست دارد پهـــن می‌کند بر گوشه‌ای از نیمکت، با لبخند: همه جا را نم گرفته. لباسم همه نمناک شده.

و بر روزنامه روی نیمکت می‌نشیند: زنت در چه حال ست؟

: خیلی خوب. خدا را شُکر.

: یعنی اینقدر خوب که فردا بیمارستان را ترک کنید؟

: مطمئنن.

: نمی‌خواهی زنت یک شب دیگر اینجا بماند تا بهتر شود؟

از طرز گفتن کلمه زنت خوشم نمی‌آید.

: زنم نیست ولی حالش کاملاً روبراه شده.

سکوت کشدار.

می‌گوید: باشد.

می‌دانم خیال دارد درباره گل حرف بزند اما احتمالاً نمی‌داند چطور شروع کند: به نظر تو گل چطور آدمی بود؟

: زن خوبی بود. لیلی او را دوست داشت. حیف شد.

: با تو هم درد دل کرد. نکرد؟

: کمی از شوهرش گفت.

: و...؟

: و از چیزهای دیگر.

: چی؟

فکر می‌کنم اما به یاد نمی‌آورم.

دکتر سلیمان می‌گوید: نگفت بچه مال کی هست؟

: منظورت پدر بچه ست؟

به تأیید سر تکان می‌دهد.

می‌پرسم: مگر مال همان شوهرش نیست؟

: کدام شوهرش؟

: مگر چند تا شوهر داشت؟

: منظورم این بود که خودش به تو گفت این بچه‌ی شوهرش است؟ نگفت کدام شوهر؟ اسم کسی را نیاورد؟ اسم یک مرد مثلاً؟

حس می‌کنم در مقابل یک بازجو نشسته ام که باید به سؤالاتش جواب بدهم. می‌خواهم عصبانی بشوم اما خودم را کنترل می‌کنم و به جای آن تصمیم می‌گیرم کمی سر به سر او بگذارم: فقط اسم تو را مرتب می‌آورد. می‌گفت که تو عاشق او هستی؟

: من؟ اسم مرا به چه عنوان آورد؟

: گفتم که به عنوان عاشق.

: ببخش. سؤال‌های من را نگذار به حساب پُررویی لطفاً. اما این موضوع مهمی‌ست چون تو تقریباً آخرین کسی هستی که با او حرف زده.

: من با او حرف نزدم. او با من حرف زد.

: منظور من هم همین ست. ممنون می‌شوم اگر کمی بیشتر فکر کنی و

به یاد بیاوری.

بلند می‌شوم می‌ایستم: من به حرف‌های او گوش نمی‌دادم. ببخشید.

سیگـــار تازه پیچیده‌ام را روشن نمی‌کنم. مـــی‌روم. از کنار آن شخصِ خوابیده بر نیمکت که می‌گذرم سیگـار را می‌اندازم جلوی نیمکت به امید وقتـــی که طرف بیدار شود و اگر اهل دود باشد بتواند هوای اطـراف خود را آلوده تر کند. غروب شده. از تاریک‌تر شدن هـوا می‌توان فهمید. غروبی که حصار تنگ خیس خاکستری بر آسمان حیاط کشیده و غبار زرد بد رنگی بر همه جا پاشیده. غبـاری که دارد می‌آید تا بیشتر شود و حصـاری که تنگ‌تر. دکتر سلیمان در کنـــار نیمکت ایستاده رفتن و دور شدن مرا نگاه می‌کند. می‌گریزم از زیر نگاه سمج او.

پرستار در حالیکه یک سبد پارچه‌ای چرخـــدار را هل می‌دهد وارد اتاق مـــی‌شود. باز خندان شده. یکراست می‌رود بطرف تخت گل و حرف می‌زند: چه حالی دارد روزهای اول مادر شدن. اوه خدا. خوش به حالت.

بلندتر مـــی‌خندد و شروع می‌کند به جمع کردن ملافه‌هـــای روی تخت گل و آنها را می‌اندازد توی سبد و از من می‌پرسد: تو هم بـرای اولین بار است که پدر شده‌ای؟

: بله. بعد از اینکه چهار پنج تا را قبلاً پیش از به دنیا آمدن لت و پار کرده‌ام.

خنده‌اش قطع می‌شود. نگاهی با تعجب به من و بعد به لیلی می‌اندازد. گنگ و گیج.

لیلی می‌گوید: شوخی می‌کند. منظورش سقط جنین‌ست.

و با نشان دادن اشاره انگشت می‌گوید: فقط یک مرتبه.
پرستار می‌خندد و ملافه‌های تخت بچه‌ی گل را هم جمع می‌کند می‌اندازد توی سبد و وقتی برمـــی‌گردد که برود به مـــن می‌گوید: ای مرد ناقلا... ای مردهای ناقلا.

لیلی هنوز به زحمت راه می‌رود. دست بر پهلـــو گذاشته پاها را بر زمین می‌کشد و به تخت گل می‌رسد: بالاخره تکلیف این بستنی چه می‌شود؟
: سرنوشتش سقوط در سطل زباله ست.
: چقـــدر غمگین‌ست تختخواب خالی او. طفلک. شوخی شوخی خـــودش را کُشت.
: اما برای خودش جدی بود. خودش را جدی کُشت.
: من بهـــرحال شجاعت اینجور زن‌ها را تحسین می‌کنم. نمـــی‌خواست بیش از این تحقیر شود. اما اول باید دنبال چـــاره‌ای می‌گشت. همیشه چـــاره‌ای هست بالاخره.
: همیشه نه.
: چرا هست. اگر بخواهی که باشد. هست.
: شاید.
با تأکید می‌گوید: بدون شک.
می‌پرسم: تو می‌دانی که اصلاً شوهری در کار بوده یا نه؟
: من می‌دانم که زن در این جامعه تحقیر می‌شود فرق نمی‌کند شوهری درکار

باشد یا نه.

دستی به نرده‌های تختخواب خالی بچه می‌کشد: بیچاره بچه‌ش!

و آهسته برمی‌گردد دست بر پهلو گذاشته: انگار گفت تو بهش گفتی ما اسم بچه‌ی خودمان را گذاشته‌ایم دانیال. ها؟ گفتی؟

: نه.

: هی دانیال!

شب است. توی دکان بقالی محل خودمان هستم. دانیال مقابل یخچال دکان ایستاده، زیر نور سفید داخل فروشگاه. پسرک خیره شده به انعکاس محو صورت خودش در شیشه‌ی درِ یخچال. هی! بجنب دیگر. صدای پدر حرکات او را ناگهان تُند می‌کند. پسر بچه در یخچال را باز کرده دوتا جعبه آبجو بیرون می‌کشد. در هر جعبه چهار قوطی است. من به پیشخوان نزدیکتر شده‌ام که یک تنباکو بخرم. پدر دانیال خودش را زودتر از من به پیشخوان می‌رساند و به لحن معترض می‌گوید: معذرت می‌خواهم ...!

نوبت من است که پولم را به فروشنده بدهم اما پدر دانیال طوری خودش را جلو می‌اندازد انگار که نوبت او است و من چاره‌ای نمی‌بینم غیر از این که کنار بکشم. کنار می‌کشم تا او بیاید جلوتر از من بایستد. فروشنده آرام به من نگاه می‌کند. شانه بالا می‌اندازم طوری که پدر دانیال حرکتم را نبیند و نمی‌بیند چون نگاهش بسوی پسر است. عجله کن!

دانیال جعبه‌های آبجو را به سختی حمل می‌کند می‌آورد. پدر جعبه‌ها را از او می‌گیرد و بر پیشخوان می‌گذارد. چشمان دانیال کشیده و مُردمک‌هایش

قهـوه‌ای هستند. به من خیره شده. فروشنده قوطی‌ها را در یک کیسه بزرگ می‌گذارد. پدر کیسه را برداشته به دانیال می‌دهد. پسر باید کیسه را با هر دو دست خود حمل کند. پدر پول آبجو را می‌دهد و باز با نگاهـی شاکی به من از فروشگاه بیرون می‌رود. دانیال کیسه در دست‌هـا می‌رود دنبال پدر. من هم تنباکویم را می‌خرم و می‌روم. توی راه آنهـا را می‌بینم که جلوتر از من می‌روند. پدر چند قدم جلوتـر تند و تند راه می‌رود. پسـر در یونیفرم مدرسه پشت سر او مـی‌دود و کوله‌پشتی اش انگـار سنگین‌تـر از همیشه است. قدم‌هـایم را آهسته‌تر می‌کنم که به آنهـا نرسم. پسرک کیسه را برزمین می‌گذارد. دست‌هـایش راکه خسته هستند در هـوا تکان می‌دهد که خستگی در کند. باز آرام می‌گیرد. سری به عقب برمی‌گرداند و نگاهـی به من می‌اندازد. چهره‌اش هم خسته است و انگار مایل نیست به رفتن ادامه دهد امـا باز سر برمی‌گرداند رو به جلو و کیسه را برداشته دنبال پدر می‌رود و من دیگر به او فکر نمی‌کنم تا ساعتی یا ساعت‌هایی بعد که او زنگ خانه‌ام را بصدا در می‌آورد.

: کیه؟

: ببخشید تو می‌دانی که چرا مالکوم زنگ در خانه‌اش را جواب نمی‌دهد؟

: مالکوم؟

: توی طبقه‌ی سوم ساختمان شماست. شماره سی و شش. دوست بابای من‌ست.

: تو کی هستی؟

: دانیال. پدرم با ملکوم دوست ست.

: شاید توی خانه نیست. شاید رفته بیرون.

: این وقت شب؟!

: می‌خواهی در را باز بکنم بیایی خودت بروی بالا در خانه‌اش را بزنی؟

: نه. می‌ترسم بیایم توی ساختمان. تاریک‌ست.

: با او چکار داری که اگر او را دیدم بهش بگویم.

: بابا مرا فرستاده که از مالکوم یک سیگار بگیرم.

: همین؟

: بله.

: اگر مایل هستی من می‌توانم یک سیگار به او بدهم. سیگار پیچیدنی البته.

: مالکوم هم سیگار پیچیدنی می‌کشد.

: تو کجا هستی الان. بیرون ساختمان؟

: بله توی کوچه.

: من الان یک سیگار می‌پیچم و از پنجره می‌اندازم پایین که به پدرت بدهی.

به اتاق نشیمن می‌روم. پنجره را باز مـــی‌کنم. دانیال توی کوچه رو به پنجـــره‌ی من ایستاده. یک سیگار می‌پیچم: خب حاضری؟

همانطـــور که سرش را بالا گرفته دست‌هایش را آمـــاده می‌کند برای گرفتن سیگاری که من از طبقه دوم بسوی او می‌اندازم. دست‌هایش سیگار را توی هوا می‌قاپند

: ممنون.

: به سلامت.

امـــا نمی‌رود. می‌ایستد و نگاهم می‌کند. همه چیز اطـــراف او را توی تاریکی شب به شکل سایه می‌بینم غیر از درخشش چشمان او و سفیدی چهره‌اش. پنجره را می‌بندم و پرده را هم می‌کشم و رابطه‌ام را با شبِ بیرون قطع می‌کنم. فردا صبح زود باز باید راهی بیمارستان بشوم.

لیلی وسایل خود را جمع کرده و ساکش را هم بسته. حالا دارد بچه را آمـاده می‌کند. سعـی می‌کنم خودم را خوشحال نشـان بدهم: پس بالاخـــره ما هم رفتنی شدیم. چه خوب.

لیلـــی اما توجهی به من ندارد. تک سُرفه‌ای می‌کنم و باز چیزی می‌گویم تا حضـــور خودم را در اتاق اعلام کرده باشم: آمبولانس مـــا را می‌برد یا باید تاکسی خبر کنیم؟

: پری می‌آید.

پری دختر عمه‌ی لیلی و مشوق اصلی او برای نگه داشتن این بچه است.

: خودش اصرار کرد بیاید ما را برساند با اینکه اصلاً هم حالش خوب نیست طفلک.

به چشمانم نگاه می‌کند: بد کاری می‌کند می‌آید به ما کمک بکند؟

: نه. خیلی هم کار خوبی می‌کند.

: توی این چند روز فقط او بود که در تمـاس مرتبط بود. می‌خواست به اینجا بیاید اما من نگذاشتم این کار را بکند چون مـی‌دانم چقدر کار و گرفتاری دارد. واقعا باید از او متشکر باشیم سیا.

: هستیم.

: پس مشکلی نیست.

: گفتی که حالش هم خوب نیست.

: انگار باز دعوای خانوادگی داشته.

: با پسرش؟

لیلی می‌گوید: این بچه را بگیر یک دقیقه وایستا پشت در کسی نیاید تا من لباسم را عوض کنم.

بچه را از او می‌گیرم. بچه یک بسته‌ی استوانه‌ای سفید است با کله‌ای لرزان و دو تا چشم سیاه که از توی کله زُل زده اند به من. یا من فقط خیال می‌کنم. مثل هر مستی که دنبال بهانه‌ای برای تکیه دادن به چیزی می‌گردد، من هم از این فرصت استفاده می‌کنم و تمام هیکل وا رفته‌ام را می‌اندازم روی در بسته‌ی اتاق. لیلی پیرهن بیمارستان را از تن درمی‌آورد. باز لاغر شده اما برجستگی کپل‌هایش دیده می‌شوند. باد از زیر پوست کمرش بیرون رفته اما این بار باد رفته زیر پوست بازوها. هیچ تکه لباسی به تن ندارد. وقتی به من پشت می‌کند که شورت بپوشد دلم می‌خواهد جلو بروم او را در آغوش بگیرم. اگر این موجود ناشناخته در بغل من نبود و اگر ما توی خانه بودیم حتماً می‌رفتم جلو می‌رسیدم به او. می‌رسم و دست‌هایم را که هدف مشخص دارند دراز می‌کنم پستان‌های او را توی مشت‌های خودم می‌گیرم و پشت گردن او را می‌بویم و پشت گوشش را می‌بوسم و او هم می‌آید توی حال من و با من یکی می‌شود. یک دست را پایین می‌آورم پایین‌تر و او را

بیشتر به خود در گودی تن خودم فرو می‌کشم و با فشار می‌چسبانمش به خود خودم این تن نرم برهنه را که او حالا با پوشیدن شورت از من پنهانش می‌کند. پستان بند را هم می‌پوشد و می‌بندد. بچه در بغل من جیغ می‌کشد.

نگاهش می‌کنم: ببخشید.

: چکارش کردی؟

: حسودی‌ش شد.

: واه. به چی؟

: که من دارم هیکل لخت تو را دید می‌زنم.

برمی‌گردد. دست‌هایش فرو می‌روند توی پیرهنش: مگر تو داری هیکل مرا دید می‌زنی؟

: چرا نه؟

پیرهنش را بالا می‌زند و هیکل خود را نشانم می‌دهد: خیلی عوض شده هیکلم؟

: خب معلوم ست چون زاییده‌ای. اما تمام شد.

: منظور من در مقایسه با دوران حاملگی نیست. منظورم در مقایسه با دوران قبل از حاملگی. هیکلم در حالت عادی.

: نه. مثل همان روزی هستی که برای اولین مرتبه همدیگر را دیدیم.

خوشحال می‌شود. پیرهنش را می‌اندازد پایین: دروغ که نمی‌گویی؟

: نه.

: مطمئن؟

می‌دانم که در پاسخ به این گونه پرسش‌ها من فقط باید یک بوسه بر گونه او بزنم و بگویم صد در صد عزیزم. در مواقع عادی همین کار را می‌کنم اما حالا حماقت کرده و می‌گویم: غیر از بازوهایت که کمی عوض شده‌اند. کلفت‌تر شده انگار.

عصبانی می‌شود و لبه پیرهنش را چنان پایین می‌کشد انگار می‌خواهد تمام تنش را از دید من پنهان کند: خب معلوم است. من تازه دیروز زاییده‌ام. باد بازوها بعد از زایمان طبیعی است. اصلاً چه شد که نگاه تو به بازوهای من افتاد؟ از اینهمه جای هیکلم؟

بچه گریه می‌کند. تکان تکانش می‌دهم. چهره‌ای به این کوچکی چقدر تغییر شکل می‌دهد. جمع می‌شود. باز می‌شود. صدایی تیز از سوراخی در وسط صورتش بیرون می‌زند.

: ببخشید. فکر کردم داری جدی می‌پرسی. معذرت می‌خواهم. حرف احمقانه‌ای بود.

پوشیدن جوراب‌ها را تمام کرده. سر بلند می‌کند: چی؟

می‌پرسم: و من با این باید چکار بکنم؟

بطرف او می‌روم که بسته‌ی بچه را به او پس بدهم. پیش‌تر می‌آید آن را از من می‌گیرد.

: انگار که یک بُمب گرفتی توی بغلت. بده به من. تو ساک را بردار. کلاهت را جا نگذاری. یک نگاه نهایی هم توی کُمدها بینداز چیزی جا نمانده باشد.

: ساک امروز سنگین‌تر از ساک دیروزست.

: به سنگینی‌اش عادت می‌کنی.

سر به سر من گذاشته. می‌خندد.

می‌گویم: عادت کردن چیز قشنگی نیست.

به مسخره می‌گوید: قبلاً گفتی.

: پس می‌دانستی؟

می‌گوید: تو خودت این چیزها را بدانی کافی‌ست. حالا راه بیفت.

همراه با بچه می‌چرخد. حس می‌کنم سر او بی اختیار چرخیده: سرم گیج می‌رود.

بالا تنه‌اش هم می‌خواهد چرخی بزند. می‌ترسم. مثل چرخیدن چیزی قبل از سقوط است. فکرمی‌کنم حالا پسر من رو به زمین سقوط می‌کند. خیز برمی‌دارم با شتاب بچه را از دست او می‌قاپم: چی شد؟

می‌گوید: ترساندی مرا.

می‌گویم: حالت بد شد یکهو.

: من خوبم. تو چرا اینجور کردی؟

: گفتی سرت گیج می‌رود، نگفتی؟

: من گفتم؟

می‌گویم: اصلاً من یک فکر دیگری دارم.

: چی؟

می‌گویم: اول من و تو و بچه می‌رویم پایین بعد شما دو تا آنجا می‌مانید و

من برمی‌گردم می‌آیم ساک را می‌آورم.

: چه فکر خوبی.

کیف کوچک خود را از داخل ساک بیرون می‌کشد و ساک را هل می‌دهد به زیر تخت.

می‌گوید: یادت باشد که زیر تخت ست.

: یادم می‌ماند.

: مطمئنی؟

: یعنی چی؟

: خب مستی‌ست و صد جور حواس پرتی.

بچه در بغل خارج می‌شوم.

: مست نیستم.

می‌خندد: کم نه.

لیلی نوک دماغش را به مهربانی می‌مالد به نوک دماغ من و آرام می‌گوید: چیزهایی و احتمالاً نقشه‌هایی توی سرت هست که به من نمی‌گویی.

خیره می‌شود به عمق چشم‌هایم. در نگاه او علامتی می‌خوانم از حس موافقتش با آنچه در سر من می‌گذرد. کاری که به نفع هر دوی ما تمام خواهد شد.

: تو زن هوشیاری هستی. من اول جذب زیبایی‌ات شدم بعد جذب هوشیاری‌ات.

: برای چه هدفی داری سعی می‌کنی مرا گول بزنی؟
: دارم سعی می‌کنم بگویم اینطور نیست که فقط زیبایی زن برای من مهم باشد. برای من عقل و هوشمندی زن هم خیلی مهم‌ست. خیلی.
: زیاد نمی‌شود دل بست به حرف‌هایی که در عالم مستی می‌زنی.
درست مـــی‌گوید. من مستم اما می‌دانم که بچه‌ام را محکم در بغل گـــرفته‌ام. خیلی محکم.
: دیگر نخور. خواهش می‌کنم.
: باشد.
: می‌دانم که می‌خوری برای فراموشی و از یاد بردن امـا حالا امروز وقت از یاد بردن و فراموش کردن نیست. امروز وقت هوشیاری‌ست.
: الان که دیگر شب شده. همه جا دارد تاریک می‌شود.
: شب قشنگی ست.
: و من هنوز هوشیارم.
: و مواظب بچه هستی. نیستی؟
: با تمام قوا.

صورت بچه را به تظاهـــر به صورت خود نزدیک مـــی‌کنم انگار که بخواهم او را ببوسم اما نمی‌بوسم و فقط صدایی از دهنم در می‌آورم با لب‌هـــای غنچه کرده به مسخره. لیلی پشت به من خود را در آینه آسانســـور وارانداز می‌کند. زیر چشم‌ها و زیرگردنش را. بعد توی سالن بزرگ ورودی بیمارستان هستیم. لیلـــی با زحمت بر نیمکت می‌نشیند. نوزاد را در بغل او می‌گذارم و بعد از آن

که از حال و از جـای آنان مطمئن می‌شوم برمی‌گردم توی بیمارستان می‌روم به اتاق و ساک را از زیر تخت بیـــرون می‌کشم. پشتم می‌خورد به لبه تخت و درد هجوم می‌آورد. دردم بیشتر می‌شود وقتی ظرف بستنی را که هنـوز بر میز کنار تختِ گل جـا مانده می‌بینم. خودم را می‌اندازم روی تختخوابی که لیلـی بر آن بود و هنـوز بوی او را دارد. پاهایم معلق در هـوا می‌مانند. فکر می‌کنم به اتاق شمـاره پنج. زن را ندیدم اما به مردش حســادت می‌کنم. حسادت به پدرِ آن نوزادی که مُرده به دنیا آمده. اگر چنین اتفاقی برای من هم پیش مـی‌آمد و به جای این موجود زنده زشت، یک موجـود مُرده از شکم لیلی بیرون می‌افتاد آنوقت باور می‌کردم که خـدا به راستی مرا دوست دارد. درِ اتاق باز می‌شود و مرا از روی تختخواب می‌پراند پایین. درِ اتاق بسته می‌شود بدون اینکه کسی داخل یا خارج شده باشد غیر از خودم که از اتاق خارج شده ام.

پرستار خندان می‌گوید: چمدانت سنگین ست.

می‌خندد و من صدای خنده او را در راهرو جا می‌گذارم و هل مـی‌خورم توی آسانسور و صورتم را می‌چسبانم به آینه. بالاخره ساک را کشان‌کشان می‌کشم و خود را به لیلی می‌رسانم. یک پایم لق می‌خورد و نزدیک است کلـه پا شوم ولی تند و تیز باز تعادلم را پیدا می‌کنم. گُه. لیلی با نگاهِ تحقیر آمیزی از بالا به پایین و بلعکس ورانداز می‌کند. زنی که دخترش هنوز نزاییده همراه با زن کولی جلوی ما ظاهر می‌شود.

: چه خوب شد که شما آزاد شدید و دارید به خانه می‌روید.

انگشت دستش را می‌گذارد زیر گلوی بچه‌ی ما و چیزهایی بی‌معنی می‌گوید. سعی می‌کند مثلاً بچه را بخنداند. زن کولی هم فقط با لبخندش ما را نگاه می‌کند و یکهو چیزی به خاطرش می‌رسد. از داخل خورجینش یک مُهره فیروزه‌ای رنگ در می‌آورد می‌دهد به لیلی و با کلمات جسته گریخته می‌کوشد به لیلی بفهماند که این مُهره را بگذارد زیر بالشِ بچه. زن حرف‌های کولی را برای لیلی ترجمه می‌کند.

: به مدت هفت شب این مُهره را بگذار زیر سرش. از شروع تاریکی تا شروع روشنی روز بعد. برایش خوب‌ست. خیلی خوب.

لیلی با یک دست بچه را به خود چسبانده و با دست دیگر مهره را می‌گیرد وارانداز می‌کند.

: برای چی خوب هست؟

: به بچه آرامش می‌دهد. کابوس را از او دور می‌کند.

می‌گویم: پس بیشتر به درد من می‌خورد این مهره.

اما انگار کسی حرف مرا نشنیده.

لیلی می‌گوید: مگر کابوس به سراغ بچه‌ها هم می‌آید؟

: معلوم است دخترم. همین بچه که در نظر ما هیچ‌ست و فقط یک نوزاد، می‌دانی چقدر خواب می‌بیند؟ و اگر حالش خوب نباشد چقدر کابوس به سراغش می‌آید؟ اما این مهره به او کمک می‌کند که فقط خواب‌های خوش و شیرین ببیند نه کابوس‌های بد.

با اشاره به زن کولی ادامه می‌دهد: چیز خوبی به شما داد. بهترین مهره‌اش

را. معلوم ست که مِهر شما به دل او هم نشسته.

لیلی به من اشاره می‌کند که پولی به کولی بدهم. یک اسکناس می‌گذارم توی دست او. کولی می‌خندد و به زن نگاه می‌کند و با نگاه درباره گرفتن پول از او اجازه می‌گیرد. زن چیزی به زبان خودشان به او می‌گوید که پول را بگیرد. کولی اسکناس را می‌گیرد و تشکر می‌کند.

: می‌گوید برای پول نبود که آن را به شما داد.

لیلی می‌گوید: بهر حال متشکرم.

: تو دختر خوبی هستی. خدا دوستت دارد. خواهش می‌کنم برای دخترِمن هم دعا بکن که او هم زودتر بزاید.

: نگران نباش. کار دختر تو هم به زودی راه می‌افتد.

: همین امشب باید بزاید. مهره‌ها که این را می‌گویند.

به زبان خودشان چیزی از کولی می‌پرسد و باز رو به لیلی ادامه می‌دهد.

: بله. او مطمئن‌ست که همین امشب بچه می‌آید. دخترست. اما خب چه می‌شود کرد؟

: چه فرقی دارد؟

: من خودم چهار تا پسر زاییدم و فقط دو تا دختر. قدیم‌ها توی کشور ما بیشتر زن‌ها پسر می‌زاییدند. خب بخاطر اینکه اینهمه مسمومیت غذایی وجود نداشت. اما حالا بیشتر زن‌ها دختر می‌زایند از بس که همه جا جنگ است و مسمومیت غذایی.

از شنیدن حرف‌های او خیلی خسته‌ام. می‌گویم: ببخشید ما دیگر باید برویم.

لیلی هاج و واج نگاهی به اطراف و به در ورودی می‌اندازد.

: پری آمده؟

: می‌آید.

زن به من می‌گوید: پس قدر زنت را بدان که هم خوب است و هم خوش شانس.

دستی بر شانه کولی می‌زند و چیزی به او می‌گوید. با ما خداحافظی می‌کنند و از در بیمارستان بیرون می‌روند.

لیلی مهره را به من می‌دهد: این را یک کاریش بکن.

مُهره را از او می‌گیرم و می‌اندازم توی کیفم.

لیلی و بچه‌ی ما و پسر پری بر صندلی عقب نشسته اند و من بر صندلی جلو کنار پری.

پری می‌گوید: خدا را شکر چه خوب و راحت زاییدی. از بس که بدنت سالم‌ست. بالاخره آنهمه ورزیدگی و ورزشکاری یک روزی باید به درد بخورد. و دیدی که به موقع به دادت رسید و حالا سالم و سر حال داری با نوزادت برمی‌گردی به خانه ات.

پسر پری می‌پرسد: ما داریم می‌رویم به خانه‌ی خاله لیلی یا به خانه‌ی عمو سیا؟

: فعلاً می‌رویم به خانه‌ی عمو سیا که به امید خدا به زودی خواهد شد خانه‌ی هر دوشان.

و از توی آینه روبرویش با لیلی حرف می‌زند: ماشاالله چقدر رنگ و رویت

بازست اصلاً انگار نه انگار که تازه زاییده‌ای.
یک دستش را از روی فرمان برمی‌دارد و انگشتانش در اطراف به دنبال چیزی می‌گردند و نگاه گیج و کنجکاو من دنبال انگشتان او سرگردان.
: بزنم به تخته.
اما تخته‌ای در اطراف نمی‌یابد و به ناچار تقه‌ای می‌زند به روی داشبورد ماشین.
: من بیچاره دو هفته روی تختخواب مریضخانه کله پا بودم.
: وضع تو فرق می‌کرد پری جان. سزارین باید چیز سختی باشد. نیست؟
: خودم خواستم. از درد زایمان طبیعی وحشت داشتم.
صدایی می‌نالد: وحشت!
: کی بود؟
: تو حالت خوب‌ست علیرضا؟
پسرِ پری می‌گوید: اسم بچه تان چیه؟
پری می‌گوید: می‌بینی علیرضا چقدر باهوش ست؟ چه سؤال مهمی‌کرد؟
خب جواب بدهید. اسم این جناب تازه از راه رسیده چه هست؟
برای ماشین جلویی که ایستاده بوق می‌زند.
: ببخشید اما می‌بینی که طرف چه الاغی ست! همینجور بی دلیل ایستاده وسط جاده.
لیلی می‌گوید: هنوز اسم ندارد.
علیرضا می‌گوید: اسمش را بگذارید بودا.

همه سکوت می‌کنیم و مدت‌ها در سکوت می‌مانیم. تخمین زدن زمان از اراده من خارج شده. نمی‌توانم بگویم چه مدت مانده‌ایم در یک سکوت سنگین. اگر کمی خودم را بطرف راننده خم کنم می‌توانم در آینه روبرو لیلی و علیرضا را بر صندلی پشت ببینم.

لیلی می‌پرسد: چرا بودا؟

پری می‌خندد: به او گوش نده چرت می‌گوید.

علیرضا می‌گوید: اگر خودش اجازه بدهد.

: خودِ کی؟

: بودا.

: کی هست؟!

علیرضا می‌گوید: دوست من‌ست. شاید اجازه بدهد.

پری محکم و کشیده فریاد می‌زند: علیرضا!

صدای جیغ ماشین‌های پلیس همه جا با من است. آژیرهایی که لایه به لایه توی گوش‌هایم جا مانده اند و هرگاه یکی از آنها اوج می‌گیرد زوزه کشان می‌آید می‌گذرد تا آژیر بعدی.

لیلی می‌گوید: خب حتماً پدر و مادر او هم بودایی هستند که این اسم را روی او گذاشته اند اما ما که مسلمانیم.

می‌پرسم: جداً؟

باز سکوت.

پری می‌گوید: تو همین جا یک چرتی بزن بلکه حالت جا بیاید.

می‌پرسم: کی؟ من؟

پری می‌خندد: نخیر. من.

درحالیکه سعی می‌کند از من دور باشد همچنان می‌خندد و نگاهم می‌کند.

علیرضا می‌گوید: او که پدر و مادر ندارد.

: پس با کی زندگی می‌کند؟

پری شتابان خود را می‌اندازد توی گفتگو.

: راستی علیرضـــا تو هم یک کمی استراحت بکن که بتوانی برنامه امشب تلویزیون را تماشا کنی. قـــرارست توضیحات بیشتـری درباره آن چند تا سیـــاره تازه کشف شده بدهند.

علیرضا می‌گوید: تازه کشف نشده.

پری می‌پرسد: اسمش چی بود؟

: تِرِسِ چهار.

: من شنیدم که گفت از سیاره‌های داخل کهکشان نیست. هست علیرضا؟

: این بزرگترین سیاره خارجی‌ست که تا به حال شناخته شده.

: پس فاصله‌اش هم از زمین باید زیاد باشد.

: یک هزار و چهار صد و سی و پنج سال نوری از کره زمین فاصله دارد.

: آنوقت کره زمین چقدر از خورشید فاصله دارد؟

: یکصد و پنجاه میلیون کیلومتر.

من می‌گویم: پس ما زیاد هم از خورشید دور نیستیم.

پری می‌خندد: دور نیستیم؟ یکصد وپنجاه میلیون کیلومتر می‌دانی یعنی چه؟

لیلی می‌گوید: نه.

پری می‌خندد: وقتی توی کهکشان آثار حیات پیدا شود آنوقت همه‌مان ناچاریم بفهمیم. همین الان یک چیزهایی در مریخ پیدا شده مثلاً آب پیدا کرده اند.

می‌گویم: جداً؟ آب؟ همین آبی که می‌خوریم؟

: از علیرضا بپرس.

علیرضا می‌گوید: رسوب‌ها و شیارهای ناشی از جاری شدن دی اکسید کربن مایع.

پری می‌گوید: می‌بینی آقا سیا؟ کم کم باید بساطمان را جمع کنیم برویم به مریخ و از شر این کُره خلاص بشویم. این کُره‌ی خسته کننده‌ی کسل.

علیرضا می‌گوید: ولی هنوز هیچ چیز قطعی نشده.

می‌گویم: هیچوقت هیچ چیز قطعی نمی‌شود در این دنیا.

علیرضا سکوت می‌کند و دیگر نمی‌خواهد در این باره حرف بزند. من از خودم با صدای درونم می‌پرسم: پس حالا کجاست این بودا؟ در کدام سیاره این کهکشان؟

پری تند و با سرزنش نگاهی به من می‌اندازد: لطفاً...

فکر نمی‌کردم او صدای درون مرا بشنود.

علیرضا می‌گوید: توی خانه‌ی ما.

پری می‌گوید: چطورست اسم بچه را بگذاریم محمدرضا؟

لیلی می‌گوید: و یا زرتشت؟

می‌پرسم: چطور شد این اسم به یادت آمد؟
: قبلاً به آن فکر کردم.
: به من نگفته بودی.
: تو چیزی نپرسیدی.
مکث می‌کند. باز می‌گوید: چطور؟ خوشت نمی‌آید از اسم زرتشت؟
علیرضا می‌گوید: مگر شما زرتشتی هستید؟
می‌گویم: اتفاقاً من هم همین را می‌خواهم بپرسم.
: که چی؟
: تو الان گفتی که مسلمانی.
پری می‌گوید: ولی خب ما قبلاً همه‌مان زرتشی بودیم. لیلی درست می‌گوید دیگر.
لیلی می‌گوید: بودیم. نبویم؟
علیرضا می‌پرسد: کی؟
می‌گویم: هزار هزار سال پیش.
پری غش غش می‌خندد. لیلی خود را با ور رفتن به بچه مشغول نشان می‌دهد. بچه می‌خواهد گریه کند. سر می‌چرخانم می‌بینم لیلی یکی از پستان‌های خود را تپانده توی دهن بچه.
علیرضا می‌گوید: بهرحال اگر بودا بمیرد من اسم او را می‌دهم به بچه شما.
: چرا بمیرد؟
پری می‌گوید: چون دواهایی را که دکتر به او داده نمی‌خورد.

علیرضا می‌گوید: تلخ‌ست.

: تلخ نیست.

: دواها او را خوب نمی‌کنند. اگر بمیرد حالش بهتر می‌شود.

سر برمی‌گردانم تا علیرضا را ببینم. کله و صورتش شبیه یک بچه روباه است. پوستش زرد و دو تا گلوله آبی در عُمق حدقه چشمانش می‌گردند.

لیلی از علیرضا می‌پرسد: تو دلت می‌خواهد بودا بمیرد یا زنده بماند؟

: به خواستن یا نخواستن من نیست.

لیلی دیگـــر علاقه‌ای به حرف‌های علیرضـا نشان نمی‌دهد و ترجیح می‌دهد با بچه‌ی خودش ور برود. سرم را از کنار آینه کنـار می‌کشم و تکیه می‌دهم به پشتی صندلی و چشمانم را می‌بندم و لای جیغ‌هـای ماشین پلیس می‌خوابم.

در خواب می‌شنوم: خدا کند خودش را آتش نزند.

یکهـــو ماشین می‌ایستد. پری با عصبانیت پا بر ترمز کوبیده و من از خـواب و از جای خود بیرون پریده ام.

لیلی جیغ کشیده: چی شد؟

پری به لحن گریان می‌گوید: علیرضا گفتم بس کن. خواهش می‌کنم بس کن.

و برمی‌گردد بســوی لیلی با التماس: خیلی معذرت می‌خواهم لیلی جان. ببخشید.

: طوری نیست. نگران نباش.

ماشینی پشت سرمان بوق می‌زند.

پری می‌گوید: خواهش می‌کنم او را تحریک نکنید.

لیلی می‌گوید: ما معذرت می‌خواهیم.

پری در آینه با راننده عقبی حرف می‌زند: خیلی خب بیا برو. انگار نوبرش را آورده.

ماشین عقبی می‌آید از کنار ما می‌گذرد. راننده با خشم به ما نگاه می‌کند. زنی در حجاب کامل جلو نشسته و سه تا دختر بچه در لباس یکرنگ مشابه روی صندلی عقب. همه‌شان لای نور کدر زرد رنگ توی ماشین سر برگردانده ما را تماشا می‌کنند غیر از زن که خیره به روبروست. انگار از نگاه کردن به ما منع شده. پری سعی می‌کند بر اعصاب خود مسلط شود.

: سرت را تکیه بده به پشتی و سعی کن کمی بخوابی عزیزم. امروز خیلی خسته شدی.

و باز حرکت می‌کند.

می‌گویم: از بس که بازی کرده امروز لابد.

می‌خندم: ای ناقلا.

پری می‌گوید: از بس که هی از پله‌های ساختمان پایین رفته و بالا آمده.

علیرضا می‌گوید: بیست و یک مرتبه. بازی نبود.

: بازی بود.

: نبود.

: خیلی خوب، نبود. حالا بخواب.

: اصلاً همگی بخوابیم.

لیلی می‌گوید: من که گفتم تو بخواب سیا.

: من خوابیده بودم.

پری سعی می‌کند بخندد: تو چی سیا؟

: چشم. باز هم دارم می‌خوابم.

: منظورم این است که تو به چه اسمی فکر کردی؟

: من؟ اصلاً فکر نکردم.

: لابد از همین امشب برای بچه‌تـــان پیانو می‌زنید که گوشش از شب اول با موسیقی آشنا شود.

: من که بلد نیستم بزنم. مگر لیلی بزند.

: امشب مهمترین کار من این‌ست که حمام کنم.

پری از من می‌پرسد: تو جداً بلد نیستی بزنی یا سر به سر ما گذاشته‌ای؟

: جداً بلد نیستم.

: پس آن ساز به آن گُندگی در خانه‌ات چه می‌کند؟

: چند سال پیش از کســی پولی طلب داشتم اما طـرف پول نداشت که طلبش را پس بدهد گفت اگر مـــی‌خواهی بیا این پیانو را بردار. من هم آن را آوردم بلکـــه بتوانم به کسی بفروشمش اما تا به حال که خریداری پیدا نشده.

: و تا به حـــال یک شانس خوب برایت داشته اینکه باعث شد تو با لیلـــی آشنا بشوی.

: درست ست. همین پیانو بود که ما را با هم آشنا کرد.

: پس دیگر از خیر فروختنش هم باید بگذری.

علیرضا می‌پرسد: شانس یعنی چی؟

پری می‌گوید: یعنی خوشبختی. خوشحالی.
و خطاب به لیلی در آینه: زیاد به او شیر نده حالش بهم می‌خورد.
: پستانم را که از دهنش بیرون می‌کشم وَغ می‌زند.
: وغ بزند بهتر از این‌ست که استفراغ بکند.
: دارد استفراغ می‌کند.
می‌گویم: وغ. ریق. استفراغ . می‌بینی علیرضا؟
جوابی از او نیست.
: علیرضا خوابیده.
: حالا که داریم می‌رسیم.
توی آینه می‌بینم که لیلـــی به مهربانی نزدیک شده به علیرضا و دارد آرام دست او را لمس می‌کند. خیره به او انگار می‌خواهد چیزی بگوید.
: سهراب اسم خوبی ست.
می‌گویم: سهراب اسم پدر من بود.
: جدی؟ نمی‌دانستم.

یکی از همسایه‌هـای من بنام سو که زنی پیر و تنهـا است با خوشحالی می‌آید بطرف ماشینِ ما اما تا مـرا می‌بیند که دارم از ماشین پیاده می‌شوم نا امید شده برمی‌گردد.
: سلام سو. حالت خوب ست؟
: اول دیدم یک زن پشت رُل نشسته خیال کردم مری‌ست.

می‌خندد: اما خودش نیست. نه. نیست.

از وقتی او را می‌شناسم دخترش مری قرار هست بیاید به دیدنش اما هنوز ندیده‌ام که بیاید. دختر او با شوهر و بچه‌هایشان در شهر دیگری زندگی می‌کند و به مادر گفته که در یکی از همین روزها می‌آید و همراه با بچه‌هایش دو سه روز پیش مادرش سو می‌ماند.

سو می‌پرسد: امروز جمعه نیست؟

: نیست.

: یک روز بخصوص را مشخص نکرده.

من در حال بیرون کشیدن ساک لیلی از توی صندوق عقب ماشین هستم و چند تا کیسه‌ی خرید که پری آورده.

می‌گویم: پس آمدن آنها ربطی به روزهای هفته ندارد.

: شاید اول هفته پیدایشان بشود یا آخر هفته.

هوا کاملاً تاریک است و من می‌خواهم بگویم دیر شده برای رسیدن آن مسافران و بی خود منتظر نباش اما نمی‌گویم. اصلاً به من چه که او را نا امید کنم؟ بگذار الکی دلخوش باشد مثل انبوه مردمی که الکی دلخوش هستیم به آمدن چیزی یا کسی. خودمان هم می‌دانیم خبری نمی‌شود اما باز منتظریم چون خودِ انتظار را دوست می‌داریم.

: امروز چندم ست؟

: انگار سیزدهم ماه. نیست؟

: پس ممکن ست امروز هم نیاید. امروز که سیزدهم ست.

بقیه افراد هم از ماشین پری پیاده شده اند. بچه‌ی ما در بغل پری است.

: چی شده؟

سو به علیرضا لبخند می‌زند: هم سن نوه من‌ست.

در صندوق عقب را می‌بندم و به پری مـی‌گویم: هیچ. این سو ست. همسایه‌ی من که منتظر آمدن دخترش ست.

ساک و کیسه به دست همراه دیگران بطرف در ورودی ساختمان می‌روم.

: البته هزار سال‌ست که دخترش قرارست بیاید.

پری می‌گوید: بچه‌های این دوره زمانه وفا ندارند.

توی آسانسور لیلی تکیه می‌دهد به من و می‌گوید: اما ما شرقی‌هـا اینطور نیستیم. به پدر و مادرمان بیشتر احترام می‌گذاریم. نه؟

می‌گویم: نه.

پری می‌خندد: دیوانه.

درِ آسانسور باز می‌شود. بچه‌ی ما هنوز توی بغل پری است. لیلی به من اشاره می‌کند که زود بدوم درِ خانه را باز کنـم. بوی ماندگی مـی‌زند زیر دماغم امـا به روی خود نمی‌آورم.

: بد نبود اگر که دستی هم به سر و روی خانه می‌کشیدی.

: چشم. می‌کشم.

: حالا دیگر دیر شده.

پری می‌خندد: خوب‌ست بابا. سخت نگیر.

و به بچه‌ی ما می‌گوید: خوش آمدی به خانه‌ی خودت آقا پسر بی‌نام.

به اتاق خواب می‌روم. ساک لیلی و کیف خودم و هر چه در جیب و در دست دارم همان جا خالی می‌کنم می‌ریزم در اطراف. پرده را پس می‌کشم و به کوچه نگاه می‌کنم. سو همچنان تکیه داده به نرده‌ها منتظر است و داخل ماشین‌هایی را که عبور می‌کنند نگاه می‌کند. خیره می‌ماند به آن که رفته تا باز ماشین تازه‌ای از راه برسد. به اتاق نشیمن می‌روم. پری با لیوانی آب از آشپزخانه می‌آید.

: چه خوب که این چیز شما برقی است نه گازی.

: چیز ما؟!

پری لیوان آب را به علیرضا می‌دهد.

: همین خوراک پزی منظورم است. کوکر. اجاق گازی که گازی نیست. شعله ندارد و بی خطر است. مخصوصاً خوب است برای خانه‌های بچه‌دار.

: من دیگر بچه نیستم.

: نیستی.

: پس چرا گفتی که خوب ست برای خانه‌های بچه دار؟

من می‌گویم: اتفاقاً اصلاً هم خوب نیست. من به شما راستش را می‌گویم. چرا؟ چون حتی عُرضه ندارد یک سیگار نا قابل را روشن بکند.

و رو به علیرضا لبخند می‌زنم. او آب را می‌خورد و لیوان را به پری پس می‌دهد. هنوز دارد گُنگ و گیج به من نگاه می‌کند. پری برمی‌گردد به آشپزخانه.

علیرضا می‌گوید: من هم از اجاقِ گازی خوشم می‌آید. اگر پیچ آن را بچرخانی

اما آن را روشن نکنــی که شعله بگیرد. یک باد سرد، خیلی سرد از سوراخ‌های آن بیرون می‌آید و یک بوی خیلی خوش. خیلی خوش. گازست.

صدای لیلی نمی‌دانم از کجا می‌گوید: اَ... چه چیزهایی می‌گویی تو علیرضا؟

پری برگشته به مسخره می‌گوید: گفتم که این بچه اصلاً حالش خوش نیست.

می‌خندد: خب. حالا کمی استراحت کن عزیزم. وقت سخنرانی تمام شد.

می‌گویم: واقعاً کاش می‌شد چیز ما را با چیز شما عوض کرد.

لیلی بالای سرم ظاهر شده می‌گوید: می‌بینی که بچه‌ی مــا هم حالش خراب ترست.

هر دو می‌خندند.

سه نفری دور میز می‌نشینیم و غذایی که من پخته‌ام می‌خوریم.

: پس علیرضا چی؟

: او شامش را خورده.

علیرضا کنــار بچه لمیده روی کاناپه چشم‌هایش را بسته امــا باور نمــی‌کنم خوابیده باشد. دست‌هایش را گذاشته روی سینه‌اش.

لیلی می‌گوید: مردم به دنبال امنیت هستند و این آقا به دنبال خطر.

می‌گویم: فقط به خاطر روشن کردن سیگارست.

پری می‌گوید: خب حالا دیگر وقت آموزش‌ست نه وقت بحث درباره چیزهای متفرقه.

می‌پرسم: آموزش چی؟

می‌خندد. از پشت میز بلند می‌شود می‌رود بچه را از روی کاناپه برمی‌دارد و به لیلی هم اشاره می‌کند که با او برود.

: آموزش کون شویی و کهنه عوض کردن.

هر دو خوشحال با خنده می‌روند بطـــرف حمام. لیلی هنوز لنگان و دست به کمـر راه می‌رود. لحظه‌ای فکـــر می‌کنم که پا شوم به سراغ او بروم و کمکش بکنم که راحت‌تر راه برود اما زود از تصمیم خود منصرف می‌شوم. او در راه رفتن از دیوار کمک گـــرفته. جرعه‌ای مشروب از توی بطـــری سر می‌کشم: بس‌ست.

علیرضا چشمان آبی رنگش را باز می‌کند: چی گفتی؟

: گفتم بس‌ست.

: چی بس‌ست؟

: همینطور با خودم حرف زدم. می‌دانی که من کمی قاتی دارم.

: چون می‌ترسی مست بشوی و دعوا راه بیندازی؟ مثل خاله ژانت؟

ژانت دوست دختر پری است. با هم زندگـــی نمی‌کنند اما ظاهـــراً بیشتر اوقات با هم هستند. معمولاً ژانت می‌آید به خانه پری و چند روز و چند شب در آنجا می‌ماند.

: نمی‌دانستم که خاله ژانت مست می‌کند و دعوا راه می‌اندازد.

: همیشه نه.

: خدا را شکر.

علیرضـــا نگاهی به سوی حمـــام می‌اندازد بعد آرام می‌پرسد: چطـــورست که

بعضی‌ها پدر دارند مثل بچه‌ی شما و بعضی پدر ندارند مثل من؟

: این را باید از مامان پری بپرسی.

: مامان پری می‌گوید پدرها خوب نیستند. هیچ کاری برای بچه‌ها نمی‌کنند چون تنبل هستند و همه‌اش فقط می‌خوابند. می‌گوید من باید خوشحال باشم که پدر ندارم. می‌گوید فرض کنم که خاله ژانت پدر من ست. اما خاله ژانت زن‌ست.

: اتفاقاً به خاله ژانت هم می‌آید که پدر باشد.

خیره نگاهم می‌کند با یک مکث طولانی: به خاطر بازوهای کلفتش؟

می‌خندم.

او ادامه می‌دهد: اما او دارد دنبال یک شوهر مرد برای خودش می‌گردد.

: جداً؟ کجا؟

: توی اینترنت.

پری می‌آید، با آستین‌های بالا زده و دست‌های خیس، دنبال کیف خود می‌گردد.

: شما دارید درباره چی حرف می‌زنید؟

: درباره‌ی خاله ژانت که دارد دنبال یک شوهر مرد برای خودش می‌گردد.

صورت پری دگرگون می‌شود. با عصبانیت کیف خود را برمی‌دارد.

: علیرضا چند بار بگویم این مزخرفات را تکرار نکن.

: اما خاله ژانت این را به خود تو هم گفته. نگفته؟

پری رو می‌کند به من ملتمس: خواهش می‌کنم به حرفش گوش نده.

چرت و پرت می‌گوید.

: چرت نمی‌گویم.

: او فقط یکبار برای خنده این کار را کرد. با یارو قرار گذاشت توی یک رستوران. رفت یک شام مفصـــل خورد به خرج مرتیکه، بعد هم تنهـــایی برگشت به خانه و هر دو تا صبح به ریش مرتیکه خندیدیم. همین و بس.

: خاله ژانت عاشق غذاست.

پری حـرف را عوض می کند: من و لیلی بالاخـــره برای اسم بچـــه به یک نتیجه

خوب رسیدیم. بهترین‌ست.

انتظار دارد من و یا علیرضا بپرسیم چه اسمـــی امـا ما نمی‌پرسیم و خـــود او ادامه می‌دهد: امید.

سکوت کشدار. علیرضا و من به هم نگاه می‌کنیم.

: چطورست؟

: اسم خوبی‌ست.

پری به علیرضا می‌گوید: تو چی؟ تو هم از این اسم خوشت می‌آید؟

: بله خوشم می‌آید.

پری خم می‌شود سر علیرضا را می‌بوسد.

: حالا استراحت کن عزیز دلم. کار من دارد تمـام می‌شود. تا چند دقیقه دیگر به خانه خودمان می‌رویم. خاله ژانت هم خیلی انســان خوب و شریفی‌ست و

تو را هم خیلی دوست دارد. در آینده می‌فهمی‌که او چه نقش مهمی در زندگی ما داشته. خیلی مهم.

انگار دارد این اطلاعات را به من می‌رساند. رو می‌کند به من و می‌گوید: خواهش می‌کنم تو هم او را تحریک به حرف زدن نکن لطفاً.

باز می‌رود به حمام. مدتی بعد صدای بیرون آمدن پری و لیلی از حمام شنیده می‌شود. به اتاق خواب می‌روند.

می‌گویم: اینطور که پیداست تو باید سعی کنی خاله ژانت را دوست داشته باشی.

: دوستش داشتم اگر اینقدر از بودا متنفر نبود. به مامان پری فشار می‌آورد که مرا ببرد پیش روانشناس اما من بدم می‌آید از روانشناس.

صدای حرف زدن لیلی و پری از اتاق خواب می‌آید. نمی‌دانم چه می‌گویند که اینهمه خنده‌دار است. می‌خندند. به آنها حسادت می‌کنم که اینقدر خوشحالند. بی اعتنا به علیرضا پا می‌شوم می‌روم درِ اتاق خواب را می‌زنم.

: بیا داخل.

فقط سر می‌کشم به داخل. هر دو روی تختخواب من بالای سر بچه نشسته‌اند.

: به چی می‌خندید شما؟

: هیچی بابا. تو برگرد برو پیش علیرضا.

پری می‌گوید: ما هم که باید زود برویم. ژانت حالش خوش نیست.

رو مـــی‌کند به من ادامه می‌دهد: اگر از نزدیک با او آشنا بشـــوی عاشق او می‌شوی. مطمئنم. از بس که مهربان‌ست و دلسوز دیگران.
: می‌دانم. پس من رفتم. کاری هست که من انجام بدهم؟
: لطفاً در اتاق را پشت سرت ببند. آرام.
درِ اتاق خواب را آرام می‌بندم. در راهـــم بسوی اتاق نشیمن فکـــر می‌کنم به رابطه‌ی مادری پری و علیرضـــا. پری او را از بانک اسپـــرم گرفته. وقتـــی که علیرضا فقط یک مقـــدار اندکی اسپرم بوده او را کاشته‌اند توی رحـــم پری و به او گفته‌اند که یک مرد تنیس باز یونانی این اسپـــرم را هدیه کرده به این بانک که حالا پس از دو سال ماندن در یخ بالاخـــره نصیب آدم خوش شانسی چون پری شده. علیرضـــا خاموش لمیده در مبل فقط نگـــاه می‌کند به رفت و آمد من. مـــی‌نشینم و سعی می‌کنم به چیزی فکـــر نکنم. سکوت و دیگر هیچ. صدای خنده‌ی لیلی و پری هم قطع شده.

لیلی دارد گریه می‌کند.
: چی شده؟
: ماجرای گل را برای پری گفتم.
از روی میز چند تا دستمال کاغذی برمی‌دارد و اشک‌هایش را پاک می‌کند.
پری می‌گوید: خب علیرضا! مأموریت ما تمام شد. باید بزنیم به چاک برویم.
لیلی به لحنِ گریه می‌پرسد: چرا امشب همین جا نمی‌مانید؟

: نه. باید برویم. هزارتا کار داریم. اگر کمی پیانو برایمـــان می‌زدی شاید چند دقیقه‌ای می‌ماندیم اما می‌دانم که نمی‌توانی.

: قول می‌دهم دفعه دیگر که اینجا هستید سعی خودم را بکنم.

: همان آهنگ شوپن را برایم بزن.

من هم آن را دوست دارم با اینکه نمـــی‌دانم چی به چی هست. از شنیدنش لـــذت می‌برم.

: باشد.

: پس ما فـــردا تماس می‌گیریم و می‌گوییم که کـــی داریم مـــی‌آییم. هم برای دیدار دوباره‌ی بچه و هم برای شنیدن شوپن. اوکی؟

من مستانه به پری نزدیک می‌شوم: و تو پری جان مهربان هوشیار!

با لبخند نگاهم می‌کند و منتظر است ادامه بدهم. بالاخره ادامه می‌دهم: بدون دخالت دست و پای یک مرد، موفق به انجام خلاقیت خود شدی.

سکوت.

پری نیم نگاهی به علیرضا می‌اندازد و با خنده مـرا هُل می‌دهد: برو کنار ببینم تو هم حالت خراب‌ست بابا.

علیرضـــا به طرز عقب عقب رفتن می‌خندد. در حرکاتم بیشتر تظاهـر می‌کنم که علیرضا را بیشتر بخندانم. پری هم می‌خندد اما علیرضا دیگر نمی‌خندد.

: در ضمن علیرضـــا دوربین عکاسی‌اش را هم مـــی‌آورد که از بچه عکس‌هـای حرفـــه‌ای بگیرد. دوربین خوبی دارد و خوب هم بلدست از آن استفاده کند. مگر نه علیرضا؟

علیرضا از لیلی می‌پرسد: اجازه هست من باز هم چند تا عکس دیگر از بچه بگیرم؟

: البته پسرم حتماً.

علیرضا با تلفنش چند عکس دیگر از بچه می‌گیرد.

پری برای رفتن عجله دارد.

: با تلفن عکسها خوب نمی‌شوند باید با دوربین راست راستکی عکس گرفت. دفعه بعد که آمدیم علیرضا دوربین حسابی می‌آورد.

علیرضا می‌گوید: دوربین من حرف ندارد. حرفه‌ای است.

پری می‌گوید: خب پس اولین دوست بچه شمـا علیرضاست. مطمئنم دوستان خوبی خواهند بود.

: من هم مطمئنم.

پری لیلی را می‌بوسد و بطـرف در خروجی می‌رود. وقتـــی از خانه پا بیرون می‌گذارد پاکت سیگارش را از کیفش در می‌آورد. علیرضا هم دنبال او می‌رود. هوس کشیدن سیگار به جان من هم افتاده. هر وقت لیلی در خانه‌ی من است مـــی‌روم توی بالکن ته راهرو سیگار می‌کشم. حالا هم باید همین کار را بکنم.

لیلی می‌گوید: چقدر مهربان ست.

: خیلی!

از پنجره به خیابان نگاه می‌کند. مدتی می‌ایستد تا رفتن ماشین پری را ببینند: رفتند.

و برمی‌گردد از کنار پنجره می‌آید درحالیکه با تأسف سر تکان می‌دهد: این همسایه‌ی بیچاره‌ی تو هم بالاخره از آمدن دخترش نا امید شده برگشته به خانه خودش. دخترِ بدجنس.

: آه ای زندگی!

: و حالا نوبت حمام کردن من‌ست. بدنم بوی جهنم می‌دهد.

: جهنم!

: بوی خون.

می‌نشیند روی کاناپه: باید کمی استراحت کنم حالم بهتر شود.

دراز می‌کشد و سرش را بر دامن من می‌گذارد: خب داشتی به من می‌گفتی که چه نقشه‌ای توی سر داری.

: اینکه بروم به بالکن و یک سیگار گردن کلفت دود کنم؟

: و در آنجا فکر کنی به ...

می‌گویم: هیچ.

می‌پرسد: چرا به اسم بچه فکر نمی‌کنی؟

: من خیال کردم تو به اندازه کافی به اسم بچه فکر کرده‌ای.

: پس با امید موافقی؟

: موافقم.

می‌گوید: یا اینکه چون فکر می‌کنی امیدی برای این دنیا نیست پس امید هم اسم مناسبی برای بچه‌ی ما نیست؟

: من نگفتم امیدی برای این دنیا نیست.

می‌پرسد: نگفتی؟

: گفتم دیگر امیدی برای من نیست.

: یعنی چی؟

: یعنی اینکه انسان با امید به این دنیا می‌آید و اگـر دیندار باشد و پرهیزکار، با یک امید قوی در دل هم از این دنیا می‌رود.

: امید به چی؟

: به یک دنیای بهتر. به بهشت.

: پس خوش به حال تو که دین داری.

می‌گویم: من دین ندارم.

: اما خدا را قبول داری.

: من فقط همین را دارم اما دین ندارم. پرهیزکار هم نیستم. نبوده ام.

می‌گوید: خدا شناسی بدون دین و بدون پرهیزکاری مگر می‌شود؟

: خدا مال همه‌ست. چه آنها که دین دارند و پرهیزکارند و چه آنها که نه دین دارند و نه پرهیزکاری. خدا مال هرکسی ست که با او رابطه دارد.

می‌گوید: برو بابا تو هم با این خدای دروغی ات. خدا اگـــر وجود داشت فکری به حال اینهمه مردم بدبخت می‌کرد و حق آنها را از آنهمه نامرد مادر قحبه می‌گرفت. اما حالا وقت این حرف‌ها نیست. من تازه زاییده‌ام.

: اتفاقاً سوسیالیسم که با تولید مثل همخوانی خوبی دارد.

می‌گوید: مزخرف نگو. پاشو برو دوشت را بگیر. زیر بغلت بدجور بو می‌دهد.

: باشد. فکر خوبی‌ست. اول دوش می‌گیرم.

: و دوم؟
: می‌روم توی بالکن و دود راه می‌اندازم.

زیر شُره‌های آب سرد حالم بهتر است. حس آرامش و حس پرواز. هیچ مُشکلی در زندگی‌ام نیست و هرگز نبوده. از هیچکس و هیچ چیز نمی‌ترسم. آواز می‌خوانم. می‌خندم.

: داری گریه می‌کنی. باز چی شده لیلی؟
: این بچه واقعاً یک چیزی‌ش هست. باید فکری به حالش بکنند هرچه زودتر. ناگهان می‌ترسم. می‌خواهم به اتاق خواب بدوم به آنجا که بچه‌ی من خوابیده: چی شده بچه؟ چرا صدایی از او نیست؟
: بچه خودمان را نمی‌گویم.
: پس؟
: علیرضا.
و در حال پاک کردن اشک‌ها ادامه می‌دهد: تلفن زدم از پری تشکر کنم بخاطر زحماتش. داشت گریه می‌کرد. نمی‌خواست به من بگوید چه شده. نمی‌خواست مرا ناراحت بکند. اما من اینقدر اصرار کردم تا گفت که چند دقیقه‌ای بعد از آنکه به خانه رسیده‌اند علیرضا جیغ کشیده و گفته که بودا خودش را کُشته.
: با چی؟

: با قرص‌های آرام بخش ژانت.

: قرص‌های آرام بخش ژانت در خانه پری چه می‌کنند؟

: بالاخره آنها با هم هستند. ژانت قرصها را گذاشته توی حمام برای شب‌هایی که توی خانه پری می‌ماند آنها را استفاده کند. بدون آنها خوابش نمی‌برد.

: و بودا خان همه را انداخته بالا.

: بوداخان دیگر کیه؟

: همین بچه‌ای که مُرده دیگر.

: بودا یک موجود خیالی‌ست ساخته ذهن خود علیرضا.

: اگر خیالی‌ست پس چطور توانسته آنهمه قرص را بالا بیندازد؟

: واه که تو چقدر خِنگی.

: خب خنگم. خودم هم این را می‌دانم. پس لطفـــاً تو حالیم کن که موضوع چیه؟

: فعلاً پری تلفن زده به بخش حوادث بیمارستـــان که بیایند ببینند موضوع چیه.

: موضوع؟

: موضوع قرص‌ها دیگر. باید ببینند قرص‌ها چه شده‌اند. هنوز چیزی مشخص نیست. تا یک ساعت دیگر باز تماس می‌گیرم ببینم چی شد.

: خب. از همه اینها گذشته تو باید بروی حمـام و یک وان درست و حســابی بگیری. من هم وان را خوب شستم با دواهای جور به جور.

: اول باید ببینم پری در چه حال‌ست.

: گفتی که یک ساعت دیگر باید تماس بگیری.

: بیا اینجا بنشین تا موهایت را خشک کنم.

می‌نشینم روی زمین کنار کاناپه پشت به او. سرم میان پاهای او است و او به آرامی موهایم را با حوله خشک می‌کند در سکوت کامل.

می‌پرسم: خب حالا می‌خواهی چکار بکنی؟

می‌گوید: اول باید بروم توالت بعد بیایم کمی از آن خربزه که قولش را دادی بخورم.

پا می‌شود می‌رود. من به آشپزخانه می‌روم. چاقوی بزرگ را برمی‌دارم. خربزه توی یخچال نیست. توی اتاق نشیمن هم نیست. دیشب که آن را به خانه آوردم کجا گذاشتمش؟

به اتاق خواب می‌روم. بچه با مشت‌های گره کرده رو به سقف خوابیده با چشمان بسته. صدای خر و خر رفت و آمد نفس‌هایش در سوراخ‌های گشاد دماغش شنیده می‌شود. در چهره او نشانی از آرامش نیست. برعکس یک پارچه غیظ است و گرفتگی. شاید دارد زور می‌زند. شاید دارد می‌ریند. سرم را جلوتر می‌برم که ناگهان صدای جیغ لیلی می‌پیچد.

: چی شد؟

: چکار داری می‌کنی توی اتاق خواب با این چاقوی به این گندگی؟

: چاقوی آشپزخانه ست.

: می‌دانم. اما اینجا چه می‌کند؟

: کی؟

: تو با این چاقو؟

: من دارم دنبال خربزه می‌گردم. این چاقو هم قرارست آن را پاره کند.

: اینجا توی اتاق خواب بالای سر بچه؟

: یادم نیست کجا گذاشتمش.

: برو. برو بیرون از اتاق.

: پس خربزه ...؟

: اول تو برو بیرون که من خیالم راحت شود از بابت این چاقو.

دست بر سینه‌ی خود نهاده است. ترسیده نفس عمیق می‌کشد.

می‌گویم: باشد. نگران نشو.

می‌گوید: نگران شدم.

: پیداش می‌شود بالاخره.

: زیر میز غذا خوری توی اتاق نشیمن ست.

: آها. گل گفتی. درست ست.

از زیر نگاه ترسیده او، یا بهتر است بگویم از زیر نگاه متظاهرِ ترسیده او، از اتاق خواب به اتاق نشیمن می‌روم و خربزه را برمی‌دارم و قاچ می‌کنم و جلویش می‌گذارم و او شروع می‌کند به خوردن: چقدر شیرین‌ست. مزه‌اش که به دهن می‌رسد آدم حس می‌کند توی بهشت‌ست.

: بهشت!

: شاید باید می‌گفتم آدم حس می‌کند توی وطن‌ست.

: وطن!

نگاهم می‌کند: واه!

: دوستت دارم.

می‌گوید: پس لطفاً تلویزیون را روشن کن.

دنبال وسیله کنترل تلویزیون می‌گردم. می‌یابمش. دکمه سبز را فشار می‌دهم. بر صفحه تلویزیون مراسم تدفین سه تا سرباز که در عـــراق کشته شده‌اند ظاهر می‌شود. سه تا تابوت پیچیده لای پرچم امریکا از مقابل صف سربازهای دیگر عبور داده می‌شوند.

: عوض کن.

درکانال دیگر فیلی در حال زاییدن است.

: عوض کن.

در کانال بعدی یک جنایتکار تیـر خورده در یک فیلم امریکـایی درحال مُردن است و در کانال دیگر مردی با خوشحالیِ بی دلیل وضع هوای فردا را تشریح می‌کند که مثل هوای امروز خواهد بود همچنان پُر از رطوبت و شرجـی بدون ذره‌ای آفتاب.

لیلی بلند می‌شود: پایم خوابش برده.

چند تا تقه می‌زند به ران‌هایش و آرام قدم برمـــی‌دارد بطرف پنجره. انبـوه بالکن‌های ساختمـــان بلند روبرویـــی پیدا هستند. لباس‌هـــا و پارچه‌هـــای رنگارنگ آویخته در بالکن‌ها. ملافه‌هـــا و پارچه‌های سفید. بچه‌ها همه جـا هستند و آثار ریدن آنها که همین پارچه‌هـــای سفیداند در بالاترین نقطه دید ما در اهتزازند. پارچه‌هـــای سفید با شوره‌هـــای زردی که از این فاصله دیده

نمی‌شوند اما هستند. هستند. تصویری از پدر و مادر دختر بچه‌ی گمشده که در یک گفتگــوی مطبوعاتی هستند بر صفحه ظاهــر می‌شود. خبرنگــاری می‌گوید که بعضی‌ها خود شمـــا را متهم می‌کنند که در گم شدن بچه‌ی خودتان دست داشته‌اید. پدر بچــه این اتهام را رد می‌کند. مادر بچه فقط گریه می‌کند. لیلـــی هم گریه می‌کند. من می‌خندم با صدای بلند. لیلی نگاهـــم می‌کند انگار به یک بیمـار روانی نگاه می‌کند. می‌روم می‌شاشم و برمی‌گردم: خب حالا وقت رفتن به بالکن‌ست.

با صدایی که نه تنهـا خودش بلکه من هم بدانم که او گریه کرده، می‌گوید: باشد برو.

تلفنم را برمی‌دارم و آن را به لیلی نشان می‌دهم: اگر چیزی پیش آمد تماس بگیر.

: چرا از توی راهرو صدایت نکنم؟

: درست می‌گویی. این کار راحت ترست. خب پس. تلفنم را نمی‌خواهم.

: با این حال بذار توی جیبت شاید لازم شد.

: آها. درست ست. شاید لازم شد.

: چیز بدی پیش نمی‌آید.

: امیدوارم.

: پس برو دیگر.

: باشد.

همسایه آخـــری تنها کسی است که لباس‌های خود و دختر بچه اش را در این بالکن همگانی پهن می‌کند. لباس زیر را طوری آویخته انگـــار خودش هم توی آن ایستاده، شق و رق. بادی نیست که تکـان تکانش بدهد. دودهایم را به هوا می‌فرستم. دلم برای تماشای ستاره تنگ شده اما در آسمـان هیچ نیست به جز یک رنگ سرخ مدفون زیر سیاهی. مثل یک سینـــی مسی سوخته‌ی باقـــی مانده از یک آتش ســـوزی. باید زود برگـردم و وان را برای لیلی پُر و آمـــاده کنم. تن لخت او را مـــی‌بینم. دوستش دارم. دوستش ندارم. او هم مرا دوست ندارد. او بارهـــا به من گفته که مایل نیست با من زندگـــی کند و این که شیـــوه زندگی من هیچ جذابیتـــی برای او ندارد. تلفنم زنگ می‌زند. نگاه به صفحه‌اش می‌کنم. جواب می‌دهم. وانمود می‌کنم نمی‌دانم چه کسی پشت خط است: بله بفرمایید.

: مبارک باشد آقا. بچه بالاخره به دنیا آمد.

: شما؟

: بَه. آقا پدر شده دیگه هیچ صدای آشنـــای دیگه‌ای را نمی‌شناسد. ما الان اینجـا سه ساعتی هست داریم درباره‌ی تو حرف مـــی‌زنیم. دو ساعت و نیم. خوشحال شدیم که تو هم بالاخـــره سر و سامان گرفتی و بچه‌دار شدی. تو الان دقیقاً کجـــا هستی داری چکار می‌کنی؟

: توی بیمارستان.

: لیلی چی؟

: توی بیمارستان.

: ما خیال کردیم ولتان کردند که به خانه بیایید وگرنه اگر می‌دانستیم امشب هم توی بیمارستان هستید بعد از کار حتماً به آنجـا می‌آمدیم. چرا تماس نگرفتی به ما بگویی هنــوز توی بیمارستـــان هستید؟. ما نگـــران بودیم. بچه حالش خوب‌ست. الان کجـا هست؟

: توی شکم لیلی.

: منظورت روی شکم لیلی. توی بغل او!

: منظورم توی شکم اوست. داخل شکم لیلی.

: یعنی چه. مگر به دنیا نیامد؟

: نه.

: ما شنیدیم که آمده. سالم و سرحال. سه کیلو و صد گرم.

: نه.

: نه چی؟ وزنش بیشترست یا کمتر؟

: نمی‌دانم. هنوز نیامده.

: پس کی ...

: ببخشید پرستار دارد مرا صدا می‌زند. باید بروم.

: باشد. برو. اما به ما هم زود خبر بده. خیلی نگران شدیم. زنگ بزن.

: باید بروم. به زودی تماس می‌گیرم. پرستار ...

هیچ چیز مهمـــی وجود ندارد که تلفنم را بخاطـــرش روشن نگه دارم. آن را خاموش می‌کنم. قطره آبی که توی گوشم جا مانده هنوز سنگینی می‌کند. حس می‌کنم قطره نیست بلکه حبابی است خیس و سنگین مثل یک توپ

تنبل فوتبال که هنـوز درست و حسابی باد نشده. روی سوراخ گوشم بازی می‌کند و فقط در همان محدوده مانده تا در تمام مدت روی سوراخ را گرفته باشد. انگــار که وظیفـه‌اش همین است. خسته می‌شوم از نگاه کردن به هیچِ آسمـــان. نگاهم می‌چرخد بطرف سایه‌بان کوچک فلزی که بالای پنجره خانه قدیمی چسبیده به ساختمان ما است و میخ‌های درشتی سطح سایه‌بان را به میله‌هـای زیر آن وصل کرده‌اند. میخ‌ها به شکل پراکنده بیرون زده اند. گاهی روزهـا دستی را دیده‌ام (بدون آن که بدانم مرد است یا زن) که از پنجره‌ی اتاق خود تکه‌های نان خـــورد شده روی سایه‌بان می‌ریزد تا کبوتران بیایند و تکه نان‌ها را بخورند. وقتی به یاد می‌آورم این لکه‌هـــای براق جا به جا بر روی این سایه‌بان چیزی نیست جز گُه هنوز خیس کبوترها، حالم از نگاه کردن به هر سایه‌بانی بهم می‌خورد. حالم از این مردمی هم بهم می‌خورد که تظاهر می‌کنند طرفدار حیوانات هستند و به این موش‌های بالدار غذا می‌دهند تا یک جا جمع شوند و دسته جمعی برینند به هر چـه که در میدان دید ما هست. نگاهم می‌رود بطـــرف زمین و کفپوش زمین پشت ساختمان که با قالب‌های سیمانی مفـروش شده و از مربع‌های بزرگ سمنتی که یکی از آنها درست زیر نگـاه من است. اگـــر خودم را از روی دیوار این بالکن بیندازم پایین احتمال دارد فقط دست و پایم بشکند و اگر سرازیر شده با سر خودم را بیندازم حتماً امکـــان مرگم هست. اما اگر در وسط راه پشیمـــان شدم و خودم را طـوری چـــرخاندم که با پا بیایم پایین...؟ کـــار درستی نیست. نه. لااقل امشب کـــار درستی نیست. بی‌انصافی ناجوری در مورد لیلی خواهد بود. بد جوری می‌افتد

توی زحمت در این موقعیت دشوار. نه. بجای راه دادن این افکار به ذهنم باید بروم و حمام را برای او آماده کنم که با خیال راحت به آرامی برود توی وان دراز بکشد. ته سیگارم را می‌اندازم پایین تا در هوا بچرخد بیفتد روی زمین و پخش شدن شعله‌های کوچکش را ببینم و انتشار جرقه‌ها. صدایی از سمت راهرو. سر می‌چرخانم. نگاهم عبور می‌کند روی صورت یک دختر بچه که در تاریکی خوابیده و پلک‌های شفافش را برهم گذاشته لبخند می‌زند. پوست براق و موهای طلایی‌اش در تاریکی می‌درخشند. خم می‌شوم و صورت را که سر یک عروسک است از روی زمین برمی‌دارم می‌آورم جلوی صورتم که ناگهان پلک‌هایش می‌پرند بالا و چشم‌های آبی رنگش نگاهم می‌کنند. بیدار و خوشحال خیره شده به مردمک‌های من. نگاهی به اطراف بر روی زمین بالکن می‌اندازم و با دقت دنبال تنه عروسک می‌گردم. نیست. فقط همین هست. همین سر بزرگ و سوراخ تنگی در زیر آن که تنه را وصل می‌کند به‌این سر. اما تنه حالا کجاست؟ فکری به کله‌ام می‌زند و آن این است که سوراخ زیر کله‌ی عروسک را بگذارم روی سوراخ گوشم و سر را اینقدر فشار بدهم مثل یک پُمپ تا بلکه به وسیله بادی که به داخل گوشم می‌فرستم، این حباب لعنتی داخل گوش را بترکانم. همین کار را می‌کنم. سوراخ زیرِ کله درست روی سوراخ گوشم است. پنجه‌ی دست چپم هی سر را مچاله می‌کند و ول می‌کند. هر بار محکم‌تر پُمپ می‌زنم. انگشتانم روی شقیقه‌های سرِ عروسک فشار می‌آورند و روی صورت او و روی چشم‌ها و دماغش و من نمی‌توانم ببینمش اما حس می‌کنم که چطور له و لورده

می‌شود زیر انگشت‌هایم و دوباره به حالت عادی برمی‌گردد و باز له می‌شود و باد در گوشم اثر می‌کند و تکه‌ای موی طلایی از لای انگشتانم آویزان می‌شود و می‌افتد پرپر می‌شود توی خیسی هوا و صدای دری که باز می‌شود و من تند و ترسیده سرِ عروسک را پایین می‌آورم پشت کمرم پنهان می‌کنم و تکه موی طلایی افتاده بر زمین را زیر کف پایم مخفی می‌کنم که اگر زن همسایه باشد نبیند که من با عروسک دخترش چه کرده‌ام. بی اختیار کله‌ی عروسک را از همان پشت سر پرت می‌کنم بطرف کوچه. لای در خانه همسایه باز می‌شود. باز شده است. قسمتی از صورت دخترک لای در نمایان می‌شود. به من زل زده. انگار پیش از آنکه در را باز کند می‌دانسته که من در کدام نقطه ایستاده‌ام و مسیر نگاهم کجاست. یک دستش تنه‌ی عروسک را وارد قاب در می‌کند، همان تنه‌ی لخت صورتی را که هیچ پوششی ندارد و در وسط خط شانه‌هایش یک قُلمبه‌ی گرد هست برای فرو رفتن در سوراخِ سرِ همان موجودی که من پرتابش کردم به نا کجا. دختر بچه مدتی منتظر می‌ماند که من آن را به او بدهم اما من چیزی ندارم به او بدهم. ندارم. باز لای در را می‌بندد. برمی‌گردم ببینم کله‌ی عروسک را به کجا انداخته‌ام. نگاهم اول کشیده می‌شود به روی زمین. چشم چشم می‌کنم که ببینم. نمی‌بینم. مأیوس نمی‌شوم و نگاهم آنقدر خوب همه جا را می‌گردد و می‌کاود که بالاخره می‌یابد. سرِ عروسک، با دو تا چشم براق آبی نشسته روی یکی از میخ‌های روی سایه‌بان. انگار کسی با احتیاط رفته آن بالا و با دقت زیاد آن کله را نشانده روی یکی از آن میخ‌ها. رو به من. حالا هم

دیگر نمی‌توان رفت و آن را باز پس آورد چون رفتن روی این سایه‌بانِ سُست بدجـور خطـرناک است و جایی هم برای قدم گذاشتن بر آن نیست و من محکـوم شده‌ام که این چشم‌ها همان جا برای همیشه در میدان دیدم باقـی بمانند. چه مصیبتـی برای خودم ساختم. خودم را انداختم توی هچل. چاره‌ای نیست غیر از فـرار از محل واقعه. نه. چاره‌ای ندارم غیر از این که بروم حمام را برای لیلی آماده کنم. پایم در بالکن می‌لغـزد. لغزش از مستی نیست. هست. خود را نگه می‌دارم. بعد از مکثی کوتاه باز می‌روم. این بار هم باز شیشه‌ی بالکن پیش می‌آید می‌خورد به سرم. درد از پیشانی پایین می‌غلتد می‌گردد توی گلویم. می‌خواهم استفراغ کنم. دهنم را باز باز می‌کنم و با یک نفس عمیق استفراغم را قـورت می‌دهم و برمی‌گردانمش به درون معده‌ام. توی راهرو اگـر دست به دیوار نگیرم ولو می‌شوم روی زمین. این درِ خانه‌ی خود من است یا در خانه‌ی همسایه بغلی؟ نمره‌اش که مال من است. کلید مـی‌اندازم توی سـوراخ قفل اما در خود به خود باز مـی‌شود و لیلی می‌پرسد: چی شده؟

: هیچ. نگران نباش. منم.

: مطمئنی که تویی؟

: بله. خودمم. نگران نباش.

: نگران هستم.

: چون فکر کردی که من یک غریبه‌ام؟

غش غش می‌خندم.

لیلی فقط نگاهم می‌کند: داشتی می‌افتادی روی زمین.

: من؟ نه. در گیر کرده بود.

: به چی؟

: به پای خودم.

: پس بیا بگیر اینجا بنشین.

: آها. فکر خوبی ست.

: خدا را شکر که حالش خوب ست.

: آها. راستی همین را می‌خواستم بپرسم. حالش چطورست؟

می‌افتم روی کاناپه.

می‌پرسد: خود تو چی؟

: من چی؟

: تو حالت خوب ست؟

: معرکه. هیچوقت اینقدر خوب نبوده‌ام.

: مطمئنی؟

: صد درصد.

: اما پری زیاد خوب نیست.

: وقتی با ما بود که به نظر خوب می‌آمد.

: جلوی تو تظاهر به خوبی می‌کرد.

: حتماً باز آن زنیکه...

زود پشیمان می‌شوم که این کلمه را به کار برده‌ام: همان دوستش. لابد باز اذیتش کرده. آزارش داده یکجوری.

: تو که از رابطه آنها چیزی نمی‌دانی. من هم نمی‌دانم.

: اینطور که من دستگیرم شده ژانت دارد دنبال یک مرد می‌گردد. توی اینترنت.

: دعوای اخیرشان بر سرِ حرف نسنجیده تو به ژانت بوده. اما پری اینقدر آدم حسابی‌ست که اصلاً هیچ اشاره‌ای به آن موضوع نکرد.

: من چه حرف بدی به ژانت زدم مثلاً؟

: به او گفتی خوش به حال تو که بچه نداری.

: خب من فکر کردم دارم حرف خوبی به او می‌زنم و او هم لبخند زد و به نظر نمی‌رسید که بهش برخورده باشد. فقط لبخند زد.

: حرف بدی به او زدی. بدجور دلخورش کردی. او هم دلخوری‌اش را هی سرِ پری خالی می‌کند. می‌گوید پری نباید می‌گذاشته که تو این حرف را به او بزنی. باید برایت توضیح می‌داده که حرف بدی‌ست. بیچاره پری.

: خب اولاً اگر لازم باشد که از او معذرت بخواهم همین حالا می‌توانم تلفن بزنم و هفتاد مرتبه بگویم معذرت می‌خواهم. چطورست؟

: برای این کار دیر شده.

نگاهم می‌کند. می‌خواهم ادامه بدهم ولی حوصله ندارم.

می‌پرسد: و دوماً؟

: دوم اینکه اگر هم بخواهد بچه‌دار شود دیگر برایش دیر شده گمانم.

: تو از کجا می‌دانی که دیر شده؟ مگر تو دکتر متخصص زنانی؟
: بخاطر سنش می‌گویم که انگار گذشته از...
: نگذشته.
: جداً؟ خب پس چه خوب.
: شما مردهـــای متعصب شرقی به جز به خودتـــان، به هیچکس دیگـــر حق حیات نمی‌دهید.
: من؟
: باید بفهمی‌که هـرچه باشد، جوان یا پیر، زیبا یا زشت، بالاخره او هم زن‌ست و دلش می‌خواهد مثل هر زن دیگـری لااقل یک بچه توی شکمش درست بشود و به این دنیا بیاید.
نیم خیز می‌شوم: و از همه این حرف‌ها گذشته، من باید وان را برای تو پُر کنم.
: لازم نیست. خودم این کار را کردم.

وقتی وارد اتاق خـــواب می‌شوم لیلی خم شده روی بچه و دهن به دهـــن او گذاشته مـــی‌بوسدش. نفس عمیق می‌کشد و بچه را بو مـــی‌کند و به صـــدای خر و خر او گوش مـــی‌دهد. گوش خود را به صـــورت بچه می‌مالد. می‌خندد. بلند مـــی‌شود با خیالی راحت‌تر و با حفظ خط نگاهش به بچه می‌رود از اتاق خواب خارج می‌شود.

چهره‌ی او را در آینه‌ی حمام می‌بینم. بی آن که سر برگرداند می‌پرسد:

چی شده دنبال کون من راه افتادی؟

: می‌خواهم لخت شدنت را تماشا کنم.

: یا به من کمک کنی که بتوانم راحت بروم توی وان؟

: مقصود من هم همین‌ست.

: بعضی وقت‌ها اینطور می‌شود.

: چطور؟

: منظورت یک چیزی‌ست ولی زبانت یک چیز دیگر می‌گوید که ربطی به آن منظور ندارد.

می‌خندم و کنار می‌کشم تا جای بیشتری به او بدهم بتواند راحت با دست‌هایش لبه پیرهن را بگیرد بکشد بالا و آن را از تن بکَند بیندازد روی کومه‌ای از رخت‌های چرک تلنبار شده در گوشه حمام. دو قسمت سینه و شکم لیلی درهم و یکی شده. ستون سینه‌اش ول شده افتاده رو به شکمش و خط چینی بین آنها هست. زیر ران‌ها هم چین و چروک دارد و پوست دور کمر و باسن رو به پایین ولو شده. انگار زیر این پوست چیزی بوده که شادابی آن را نگه می‌داشته ولی حالا آن چیز در رفته و جای خالی‌اش مانده با کشیدگی و شُل شدن پوست، انگار عرق یا یک چیز لزج دیگر پستان‌ها را چسبانده به سینه و برجستگی سر به هوای سابق آنها را از شکل انداخته. با نگاه از من کمک می‌خواهد. دستش را پنجه می‌کند دور بازوهایم. با احتیاط وارد وان می‌شود. هیچ خواهش جنسی در من نیست.

بوی کافور را زیر دماغم حس می‌کنم. انگار دارم به یکی از پیرهایی کمک می‌کنم که به خاطر شغلم باید به آنها کمک کنم. تن لخت او پوسته‌ی کف را می‌شکافد. بعد فقط سری بیرون آمده از سوراخ کف است که حرف می‌زند:

به من نمی‌گویی به چه نتیجه‌ای رسیده‌ای؟

: نتیجه؟

: درباره اسم.

پوزخند می‌زنم.

می‌گوید: یک اسم مورد دلخواهت را بگو. بالاخره باید یک چیزی خطابش بکنیم.

کمی ادای فکر کردن در می‌آورم: هیچ.

: هی می‌گویی هیچ. آخر هیچ که معنی نمی‌دهد.

: اتفاقاً معنی‌هایی که در هیچ هست در هیچ نیست.

به مسخره می‌گوید: جداً؟

می‌خندم و می‌خواهم بروم.

می‌گوید: فکر کردم آمده‌ای که پشت مرا کیسه بکشی.

کیسه را بر می‌دارم می‌شورم صابون می‌زنم و می‌کشم به کمر او. با دست دیگر موهای پشت سرش را بالا می‌زنم و کیسه بر پشت گردنش می‌کشم. از پشت سر مثل یک تابلو نقاشی قدیمی است. نور زرد که از گوشه‌ای می‌تابد می‌خورد به پرده کاشی سفید و منعکس می‌شود به پشت او و تنش را مسی رنگ می‌کند.

می‌گوید: فقط یک جا را گرفته‌ای و همه‌اش همان جا را می‌مالی. حواست هست؟

کیســه را به زیر بغل‌هایش می‌کشم و به دور پستان‌ها. نرم و آرام. خوشش می‌آید و بیشتر لم می‌دهد. خم می‌شــوم او را می‌بوسم. او هم مــرا می‌بوسد. از گلویش مزه‌ی سرکه بیرون می‌زند و منتقل می‌شود به داخل گلوی من.

: خب. خیلی ممنون. کافی‌ست. حالا برو کمــی هم با بچه‌ات حال بکن اگــر می‌خواهی. با احتیاط البته. من هم اینجــا با آب گرم خودم خوشم و با این کف خوشبوئی که تو برایم ساخته‌ای و خیلی هم متشکرم.

می‌بوسمش و می‌روم. سعی می‌کنم بخندم. مزه تُرش هنوز توی گلویم گیــر کرده. سعی می‌کنم با سُرفه مزه‌ی سرکه را بریزم بیرون.

صدای لیلی مرا در حمــام نگه می‌دارد: نه. همه اسم‌هــایی که قبــلاً گفتیم برایش بزرگ‌اند. سنگین‌اند. او کوچک‌ست. ریزه میزه‌ست مثل تو و مثل من.

: اگر دختر بود سُنبل صدایش می‌کردم.

می‌خندد. می‌خواهم بیفتم. پنجه می‌اندازم به دور لبه‌ی کاسه مستراح. بطرف او برمی‌گردم.

: نگران نباش.

می‌گوید: نیستم.

: پس نگران نباش.

می‌خندد. صدای چندش آوری از گلویش بیرون می‌زند! شاید این صدا را قبلاً در یکی از کابوس‌هایم شنیده ام: هنوزعصبانی هستی؟

: من؟ نه. چرا باشم؟
: اتفاقاً باید خوشحال باشی.
: هستم.
: چه خوب.
: پس می‌روم کمی هم با پسرم حال و احوال بکنم. تو را از همین جا می‌بوسم هزار بار و یک بار. هزار و یک بار می‌بوسمت.

هنوز داخل بطری شیشه‌ای توی آشپزخانه مقداری کنیاک هست. توی اتاق نشیمن روی کاناپه لم می‌دهم. مست هستم اما نباید خراب شوم. سرم را بر پشت کاناپه می‌گذارم و چشمانم بدون اختیار خودم بسته می‌شوند. مادرم لای سیاهی چادرش کز کرده جمع شده در گوشه‌ای دارد گریه می‌کند. پدرم کمربند پهن ارتشی‌اش را پرت می‌کند روی کتاب و دفتر مشق‌های من. مرا نمی‌بیند که در تاریک روشنی کنج اتاق مچاله شده‌ام از ترس. هنوز روز خیسی است. صدای نفس نفس مردانه. صدای گریه‌ی مادر.
پدر می‌گوید: جنده!

از جا بلند می‌شوم. چه مدت گذشته؟ لیلی هنوز توی حمام است اما صدایی از او شنیده نمی‌شود. آرام به اتاق خواب می‌روم با احتیاط و بدون در آوردن صدایی در را باز می‌کنم داخل می‌شوم و در را پشت سر ببندم. صورت بچه در تاریک روشنی. چشم‌هایش بسته. پوست صورتش آغشته به محلولی

از نور رقیق سرخ که از تنها چراغ روشن توی اتاق منتشر شده. مُهره فیروزه‌ای را از روی تختخواب برمی‌دارم و هلش می‌دهم زیر بالش او، درست همان جا که سر او هست. یک پارچه سفید که یک گل رُز برنگ سرخ با نخ بر آن گلدوزی شده روی سینه‌ی بچه پهن است. به آن دست می‌کشم و با لمس انگشت‌ها از ضخیم بودن پارچه مطمئن می‌شوم. هوای اتاق گرفته و خفه است. بطرف پنجره می‌روم و یک لته‌ی آن را باز می‌کنم. بادی نیست. هوا هیچ جنبش ندارد. پنجره را بازتر می‌کنم. چند تا سایه‌ی آدمیزاد، توی کوچه گردِ هم روی زمین پهن شده‌اند. صدایشان مثل پچ‌پچه‌هایی انگار از خیلی دور به گوش می‌رسد. صدای باز و بسته شدن در حمام را شنیده‌ام. برمی‌گردم بطرف بچه. بالای سرش می‌ایستم و نگاهش می‌کنم. نگاهش می‌کنم و بالاخره پس از کُشتن شک و تردید در وجودم، پارچه‌ی ضخیم را برداشته بر صورت او می‌اندازم تا راه نفس کشیدنش را ببندد. صدای نواختن پیانو به گوش می‌رسد. کسی در همین حوالی شروع کرده به نواختن آنقدر یواش که انگار فقط برای خودش می‌نوازد. چشم‌هایم را می‌بینندم تا منظره را نبینم.

توی خیابان سرگردانم. خیابانی که زایشگاه در آن هست. نیمکت در نیم روشنی پیدا است. کسی بر نیمکت دراز کشیده پنهان زیر یک ملافه سفید با یک لکه خون مشخص بر آن. نگاهم به هر طرف می‌گردد. هیچکس نیست. چیزی در اطرافم نمی‌بینم غیر از روشنایی یک فروشگاه که مرا به سوی

خودش می‌کشد. پشت شیشه یکپارچه فروشگاه خیریه می‌ایستم. لباس‌های دست دوم زیر نور شیری رنگ چراغ‌های مهتابی مثل انبوه درهمی از سیاهی لشکرهای بدون سر در یک فیلم به انتظار فرمان ایستاده‌اند و گاهی درهم می‌لولند. ظرف‌های جور به جور شیشه‌ای و چینی بر رف‌های پشت شیشه نشسته با چشمان وق زده به مردم و گذر آنان در پیاده رو زل زده‌اند. باد می‌پیچد در فروشگاه و مردمِ بدون سر مثل آدم‌های کاغذی تکان تکان می‌خورند. در تاریکی عمق فروشگاه چیزی می‌جُنبد و به سوی روشنی می‌آید. پیرهنم خیس است. دستگیره در را می‌گیرم و تقلا می‌کنم آن را باز بکنم. نمی‌توانم. نمی‌شود. یک مانکن پلاستیکی بی سر در لباس عروس ظاهر می‌شود. یک دستش را بالا می‌آورد و به من اشاره می‌کند از در پشتی توی کوچه وارد شوم. خون از انگشت اشاره او چکه می‌کند. می‌دوم داخل کوچه‌ی تاریک و دنبال دری می‌گردم. درهای زیادی توی کوچه هست اما نمی‌دانم کلون کدام در را باید بکوبم. سرگشته به اینسو و آنسو می‌دوم. یک در چوبی قدیمی در کُنج دیوار کوچه بُن بست باز می‌شود. می‌ایستم. تردید یا ترس. در هنوز دهن خود را نیمه باز گشوده منتظر است مرا در خود ببلعد. می‌روم از دهنه‌ی در داخل می‌شوم. پیانو هنوز می‌نوازد. در خود به خود پشت سرم بسته می‌شود. از راهرو تاریک می‌گذرم و به سالن روشن فروشگاه می‌رسم. نور سفید و لباس‌هایی که همه نو هستند. لباس‌هایی که کسی قبلاً آنها را نپوشیده. وارد یکی از راهروی لباس‌های زنانه می‌شوم. صدای پیانو از عمق همان راهرو به گوش می‌آید و مرا به خود می‌کشد. در

انتهای راهرو که باز با سدی از لباس بسته شده زنی پشت به من نشسته در حال نواختن پیانو است. برهنه است. هیچ تکه لباسی به تن ندارد. موهایش آویخته و از ارتفاع کمر چون آبشار سیاهی در ریزش‌اند. به او می‌رسم اما صدای پیانو بیشتر نمی‌شود. صدا در همه جا از یک فاصله یکنواخت است. زن لحظه‌ای سر برمی‌گرداند به طرف من. با لبخند زیبایش. لیلیِ من است. باز برمی‌گردد رو به پیانو. دست‌هایم را از پشت بر شانه‌های او می‌گذارم. آن‌ها را پایین‌تر برده از زیر بغل‌هایش رد می‌کنم جلو می‌برم و انگشت‌هایم پستان‌های او را لمس می‌کنند و چندین مرتبه می‌لغزند روی دکمه‌های ورم کرده که زیر تماس انگشتانم هی سفت‌تر می‌شوند. کسی می‌نالد. از درد یا از لذت. صدای نواختن پیانو قطع می‌شود.

چشمانم را باز می‌کنم. فقط پارچه‌ی سفید ضخیم با گل سرخش در نگاه من است. تمام صورت بچه زیر پارچه دارد ورم می‌کند و گل سرخ درشت‌تر می‌شود بالاتر می‌آید انگار صورت بچه توپی است که زیر ملافه در حال باد شدن است ذره ذره باد می‌شود و بزرگتر می‌شود تا اینکه ناگهان دستی شتابزده تُند می‌رود لبه‌ی پارچه را گرفته پس می‌کشد و صورت بچه از زیر آن همه ضخامت آزاد می‌شود. نفسی با هوای گرم پاشیده می‌شود به صورتم. با همان شتاب مُهره را از زیر بالش در آورده آن را از پنجره به بیرون به کوچه پرت می‌کنم. بچه می‌زند زیر گریه. صدایی از کوچه‌ی زیر پنجره با درد می‌نالد: اوه...

بچه گریه می‌کند. صدای مردی بلندتر و نزدیک‌تر و با تهدید از کوچه می‌آید و می‌ریزد توی اتاقم.

: هی تو! مادر جنده . بیا بیرون .

قاضی ربیحاوی ۲۰۰۵ لندن